Chile:
Una dictadura militar permanente
(1811-1999)

PATRICIO MANNS

Chile: Una dictadura militar permanente (1811-1999)

EDITORIAL SUDAMERICANA

Ilustración de portada: Pintura de Francisco de Goya
Los fusilamientos del 3 de mayo en la Moncloa (1814)

Diseño de portada: Patricio Andrade

Diagramación interiores: Andros Ltda.

ISBN Nº 956-262-082-4

Santa Isabel 1235
Fono 274 6089
Fax 223 6386
e-mail sudchile@netup.cl
Santiago (Chile)

Dedicatoria

Para Alejandro Chelén Rojas, maestro de maestros.
Para Alejandra Lastra, alma de roble y lucidez de flecha.

ÍNDICE

Primera Parte

Segunda Parte

Primera Parte

He dejado atrás el soborno del cielo.

George Bernard Shaw

EL CRIOLLO BOMBARDEO DE "LA MONEDA"

Durante mucho tiempo, abrigué la sospecha de que algo no calzaba en el bombardeo de "La Moneda". En aquella ocasión me encontraba a unos ciento cincuenta metros del Palacio Presidencial, tirado sobre el asfalto, justo frente a la puerta de Morandé 80.

Cuando terminé este libro en Francia, viajé a Buenos Aires y, de allí, a Mendoza, a presentar mi ultima novela. Encontré –casi por azar– el feroz fundamento que justificaba mis sospechas y, al mismo tiempo, mi convicción de que Augusto Pinochet y sus secuaces violaron la soberanía nacional sin lugar a dudas, durante el golpe del once de septiembre, faltando una vez más a sus juramentos de soldados de Chile. Yo diría que, en cualquier país democrático del mundo, tal hecho sería considerado un acto de alta traición a la patria.

No sé si alguien se preguntó alguna vez por qué los pilotos que destruyeron el Palacio Presidencial chileno no fueron jamás presentados en sociedad, ni mucho menos condecorados o ascendidos después de "semejante hazaña". Tampoco se dieron a conocer sus nombres y sus grados. Y por qué, según se escucha en la grabación que Patricia Verdugo incluye en su libro *Interferencia secreta*, todos los golpistas insisten en que los aviones vendrían de Concepción y no, por ejemplo, de la lógica base aérea de Colina, vecina a Santiago. Es más: en la grabación de las voces de los golpistas, Pinochet pregunta: "¿Qué pasa con los aviones?" y el General Leigh contesta: "Están atrasados quince minutos porque bajaron a cargar gasolina en Talca".

Una de las cosas más impresionantes que presencié ese día, y que me perturbó, fue la increíble precisión del ataque, la destreza para evolucionar en el corazón de la ciudad, casi a ras de los altos edificios que circundan "La Moneda". Sin embargo, minutos después estos mismos pilotos bombardean el Hospital Militar de la FACH (Fuerza Aérea de Chile), confundiéndolo con la casa de Allende en la calle Tomás Moro. Hecho que resultaría inconcebible para pilotos chilenos quienes, siguiendo instrucciones, acababan de bombardear, con absoluta exactitud, el Patio de los Naranjos de "La Moneda".

Quizás todo esto sea más fácil de comprender leyendo las páginas que siguen. Ellas pertenecen al historiador e investigador social argentino Gregorio Selzer, internacionalmente conocido por sus trabajos históricos, entre los cuales se cuenta *Sandino, general de hombres libres.* Ellas han sido sacadas de su libro *Chile para recordar,* Ediciones de Crisis, Buenos Aires, 1974. He aquí el fragmento que nos interesa:

> "...IGUAL QUE EN GUATEMALA, CUBA Y REPÚBLICA DOMINICANA: aviones y aviadores yanquis, igual que en Guatemala en junio de 1954, igual que en Bahía de Cochinos en abril de 1961, igual que sobre el cielo de Santo Domingo en abril y mayo de 1965. Los corresponsales Francia y Foa no fueron los únicos en hablar de tales pilotos en los días previos al cuartelazo del 11 de septiembre en Chile. La presencia de esos 'aviones para demostracio-

nes de acrobacia' fue luego justificada como parte de una gira que debía incluir a Bolivia, Argentina y Uruguay. Los diarios de Bolivia se refirieron al tema. Publicaciones italianas y francesas se hicieron lenguas de la 'extraordinaria puntería' de los aviadores que bombardearon La Moneda y otros objetivos: los *rockets* disparados hicieron 'blanco perfecto'... Costo de cada uno de los *rockets* guiados electrónicamente, 50.000 dólares promedio cada uno.

El último día de octubre, el diario *El Mundo* de Buenos Aires proveyó material adicional a lo que ya se estaba conociendo. Desde Santiago, la Agencia Arauco daba datos tan concretos como los siguientes:

El avión tipo WB57S, matrícula 631-3298 comandado por los mayores Víctor Dueñas y Theodor Shull, y los pilotos de reserva, capitanes M. B. Lemmons y D.C. Baird, coordinaron todas las operaciones de las fuerzas armadas golpistas antes y durante el cuartelazo.

Este aparato especializado en misiones de espionaje y equipado con los más modernos instrumentos de telecomunicaciones, operó el día del golpe como una verdadera estación volante.

El perímetro de vuelo comprendía la región limitada por Mendoza y las ciudades chilenas de La Serena y Puerto Montt. Según los planes de los militares golpistas, tres aeropuertos de emergencia en territorio chileno tenía a su disposición el avión norteamericano: (N. de A.: los *Hawker-Hunter* eran dos), Pudahuel, Cerrillos y Cerro Moreno, este último en la provincia de Antofagasta, en el norte del país. La base de este avión de coordinación estaba situada en un país limítrofe (¿?).

El avión yanqui comenzó a operar en la zona el 7 de septiembre, cumpliendo ese día dos misiones y dos más el día 10. Del 11 al 13 estuvo adscripto permanentemente al apoyo en el sistema de comunicaciones de las tropas golpistas, que era vital para éstas.

La cobertura legal de las misiones de coordinación en comunicaciones de los militares golpistas, se llamó *Mission Airstream.* La tarea cumplida por el avión norteamericano permitió la conexión de radios de la Armada chilena, de una parte del Ejército y de la Fuerza Aérea. La operación alcanzaba las radios de la Marina, situadas en los puertos de Valparaíso y de Talcahuano, así como las radios de las unidades que navegaban a lo largo de la costa chilena; las radios de la Fuerza Aérea ligadas a los dispositivos, cubrían las bases de Cerro Moreno, Quintero, El Bosque y Cerrillos, en la Zona Central, y la de Puerto Montt. Las bases de tierra ligadas con el sistema fueron al principio las unidades de la Primera y Sexta División, apostadas en el extremo Norte; la Quinta y Cuarta y la Tercera División cubrían el espacio situado entre el extremo Sur y Concepción.

En la Zona Central del país se ligaron al sistema únicamente las unidades controladas directamente por los oficiales golpistas, es decir, el Regimiento de Zapadores de Tejas Verdes, el Batallón Blindado N° 2, el Batallón de los Boinas Verdes de Peldehue y la Escuela de Caballería de Quillota, la Escuela de Suboficiales y la Escuela Militar de Santiago".

1. Introducción

El presente libro comenzó a ser pensado en 1970, fecha en que inicio la recolección y estudio de los materiales susceptibles de ser utilizados. Desde entonces esta heterogénea, compleja y cambiante materia se encuentra en barbecho, lo que representa algo así como treinta años de reflexión en torno a un tema central: el problema militar en la vida institucional de los países emergentes, o, como precisa a su manera el sociólogo francés Leo Hamon, "el papel extra-militar del Ejército en los países del Tercer Mundo".

En efecto, siempre he sospechado que la existencia de ejércitos en cada país de América Latina –excepción hecha de Costa Rica– equivale a pensar en la necesidad de que los Estados Unidos organizaran un ejército particular para cada uno de sus estados. Esto, porque hace apenas ciento noventa años los ejércitos latinoamericanos, al menos en la América meridional, actuaban como divisiones de un solo gran cuerpo armado. Bolívar recorría Sudamérica combatiendo junto a generales de diversas nacionalidades –es decir, pertenecientes a muchas de nuestras provincias–. San Martín cruzaba los Andes para luchar junto a O'Higgins, y luego se embarcaba rumbo al Perú, al mando de un ejército multinacional. Al mismo tiempo, el Mariscal Sucre –venezolano– proclamaba la libertad de la América hispana sobre el campo de batalla de Ayacucho, en el Perú. De estos hechos, cuya grandeza mediremos cabalmente sólo en el tercer milenio, nace el sueño bolivariano: una sola América hispana, unida y fuerte. Curiosamente, su sueño fue despedazado apenas terminada la lucha de emancipación y cada vez nos hallamos más lejos de él. No obstante, Europa, más bien inteligentemente que por azar, se nucleó a la manera bolivariana, y ahora vemos cómo se organiza un estado confederado de enorme potencia económica y militar, que en pocos años ha obtenido ya la moneda única, el pasaporte único, el derecho de los ciudadanos que pertenecen a él a desplazarse y trabajar donde quieran, etc. Naturalmente, éste es sólo el comienzo. En muy pocos años más, la integración tenderá a acentuarse por la lógica de los hechos y la necesidad de consolidar la idea de la unión. El siglo XXI será el siglo de las integraciones y no el de las fragmentaciones. Basta pensar en una de las más grandes ventajas de la Unión Económica Europea: la imposibilidad de la guerra entre sus miembros. Este solo hecho marca a fuego el final histórico del siglo veinte, pues se trata de naciones que se han enfrentado en los campos de batalla al menos durante dos mil años, y hoy se hallan asociadas en un proyecto común en el cual la guerra interna está absolutamente excluida.

En el siglo XX la mayor parte de las naciones hispanoamericanas no ha conocido ninguna guerra, y las que lo han hecho, en realidad sólo protagonizaron ridículas escaramuzas de carácter provinciano: la guerra del Chaco entre Paraguay y Bolivia, tal vez la más cruenta por lo larga; la guerra del fútbol, entre Honduras y El Salvador; la reciente guerra entre Perú y Ecuador; y la llamada *Guerra de las Malvinas*, entre Gran Bretaña y Argentina. Este último es, sin embargo, un conflicto de carácter particular:

a) No hubo declaración de guerra previa.

b) El general Galtieri, a la sazón, jefe de la Junta Militar argentina, que perdía posiciones en el concierto internacional por su inmisericorde violación de los Derechos Humanos y, a la vez, por la creciente oposición interna a causa de las masacres y la miseria, intentó una aventura de corte nacionalista invadiendo las Malvinas.

c) Estas islas *son* argentinas, pero por el momento constituyen una posesión británica.

d) Inglaterra reaccionó violentamente y atacó las tropas sudamericanas acantonadas en las islas.

e) La derrota de las tropas argentinas derribó a la dictadura. La dificultad de desenredar la maraña del pensamiento del Partido Militar supone aquí un crucigrama político: mientras la Cuba de Fidel Castro ofreció instantáneamente su apoyo a Argentina, en unión de toda Hispanoamérica, a pesar de sus obvias diferencias ideológicas, Chile, bajo la dictadura de Augusto Pinochet, puso a disposición de Inglaterra las costas del sur austral de Chile como soporte logístico para las tropas inglesas. Sin comentarios.

Excluyo, desde luego, la guerra de liberación de México; es decir, la revolución mexicana y asimismo la revolución cubana, pues se trata de luchas de emancipación retardadas por la historia particular de ambas naciones. Esta realidad tiene gran importancia y nos conduce de inmediato a una pregunta crucial: ¿para qué sirven realmente los ejércitos en nuestro subcontinente? Si no constituyen un estamento productivo, castigan copiosamente los presupuestos de cada país, mientras generaciones enteras de militares han muerto en sus lechos, sin conocer jamás un campo de batalla ni una experiencia bélica, entonces: ¿cuál es la razón de sus existencias?

Es esta inactividad profesional lo que ha generado *el rol extra-militar* de los ejércitos en nuestras repúblicas, a que se refiere Hamon, y ha empujado a los militares a participar en la política contingente, erigiéndose, ora en árbitros, ora en protagonistas de sangrientos episodios de represión contra sus pueblos.

Porque se trata de un Partido Militar, es decir, de un partido político armado, que no necesita otros argumentos que los cañones y los tanques para imponer el peso de sus opciones y opiniones. No otra cosa significa un golpe militar. Es una acción brutal para expresar una opinión política, pero en las antípodas de las concepciones democráticas y lejísimos de los acuerdos tácitos de convivencia.

En el *dividir para reinar* se encuentra el otro problema. No sólo los sucesivos gobernantes de nuestra América se han mostrado históricamente renuentes a construir un pacto federativo, sino las grandes potencias con intereses vitales en esta región, en particular los Estados Unidos, empujan sistemáticamente a los responsables políticos en el sentido de la división. Miran con malos ojos las tímidas alianzas y los pequeños pasos políticos integracionistas que se dan de vez en cuando, o simplemente los boicotean hasta romperlos por su base. Hay que destacar que con la Unión Económica Europea sucedió lo mismo: Washington ha procurado por todos los medios meter el bastón en las ruedas del carro europeo. Esto prueba que es necesaria una gran voluntad política y una amplia visión de estadista para llevar a cabo semejante empresa. Pero está probado que los verdaderos estadistas del siglo XX prefieren nacer fuera de América.

2. El origen militar de los gobiernos desde la Independencia

El origen del Partido Militar se halla en el nacimiento mismo de nuestras repúblicas a una vida independiente. Al término de las guerras de liberación en el Continente, con excepción de Canadá, Brasil, México, Cuba, como ya anotamos, a causa de sus particulares circunstancias histórico-políticas, y de algunos otros países de menor gravitación, los jefes militares ocuparon la primera magistratura de sus naciones precisamente porque la guerra les había proporcionado experiencia de mando, organización, prestigio y algunas nociones de administración pública. Al mismo tiempo, las largas y repetidas convulsiones bélicas habían imposibilitado la adquisición de destreza política en las filas del componente civil. En Chile, desde 1811 a 1851, los gobernantes fueron militares: José Miguel Carrera, Bernardo O'Higgins, Ramón Freire, Joaquín Prieto y Manuel Bulnes. Sin embargo, uno de los primeros estados democráticos que se estructura en el Continente es justamente el de Chile. Pero éste reposa, por la lógica de los hechos, en el poderío del ejército y, sólo más tarde, ocupando un lugar secundario, se asentará en la temprana alianza con una burguesía ya desarrollada. Esta burguesía que el historiador Francisco Antonio Encina caracterizará, con extraña ligereza genealógica, como *aristocracia castellano-vasca,* fundamentalmente terrateniente y minera, mostrará muy pronto veleidades políticas y disputará a los militares el control del gobierno, aunque no del poder: José Miguel Carrera había advertido temprano en su *Diario Militar*[1] que sólo se hallaba habilitado para detentar el poder *quien tenía la presidencia de las bayonetas.* Es precisamente el caso del Estado de Chile:

"Este Estado se fundamentó en un poderoso ejército que triunfó en la guerra de 1838 contra la Confederación peruano-boliviana, otorgando la presidencia de la república a dos militares que gobernaron veinte años: Prieto y Bulnes. El llamado Estado *civilista portaliano* se basó precisamente en el poderío del ejército, desmintiendo así el mito de la democracia y el civismo en Chile. Fue un Estado autoritario que impuso el *orden* a través de destierros y persecuciones a los hombres de pensamiento liberal".[2]

Se estructura así, lenta pero seguramente, una alianza cívico-militar que, por lo menos en Chile, no se ha roto jamás. Esto quiere decir que nunca el Partido Militar se ha supeditado al mando civil aunque, con absoluta lealtad, actuó siempre en defensa de los intereses de la clase económica dominante y contra los intereses del proletariado.

"La mayoría de los Altos Mandos de América Latina, tanto activos como en retiro, reconocen públicamente el papel político que desempeñan los ejércitos en el Tercer Mundo. También es notorio que las FF. AA. buscan un equilibrio entre los puntos de vista de la derecha y de la izquierda, aun cuando este equilibrio siempre estará en situación de romperse represivamente, pero sólo contra la izquierda."[3]

3. La Constitución portaliana de 1833

Para comprender al Chile de fines del siglo XX es necesario que examinemos brevemente cómo se estructura la civilidad política a partir de la Constitución de 1833, promulgada por Diego Portales, la que, según el historiador Guillermo Feliú Cruz, *consagra el mandato de esa aristocracia* de la que habla Encina. Para Feliú Cruz "... tal aristocracia obtiene ese título porque se trata de: *una clase social* de antigua raigambre en el país, sobria, trabajadora, realista en sus concepciones, sin imaginación, honrada a carta cabal, con prestigio por sus antecedentes familiares y los servicios prestados al Estado, dueña de una fortuna amasada en el cultivo de la tierra, en grandes estancias, engreída en su fuerza moral y con don de mando: en suma, una verdadera aristocracia".[4]

La Constitución portaliana de 1833 convirtió al Presidente de la República, durante los primeros cuarenta y seis años a partir de su promulgación, en un *verdadero árbitro* del acontecer político. Algunos historiadores consideran que aquella Constitución convertía al Presidente en un *dictador legal*. "Era irresponsable en el ejercicio de su cargo –apunta Feliú– y sólo podía acusársele hasta el año después de haber fenecido en él".[5] (No por azar Augusto Pinochet y la Junta Militar adoptaron como símbolo de la dictadura la figura del ministro Diego Portales). La barbarie constitucional perpetrada en 1980, si bien no conservó esta prerrogativa por escrito, sugirió a la dictadura que tenía acceso natural a las mismas atribuciones, y no se privó de ejercerlas.

4. La emergencia de los civiles en la vida política

Es el carácter hereditario del sistema político chileno el que nos llama la atención, pues no tiene muchos precedentes en el mundo político occidental, aunque podemos colegir de dónde viene. En efecto, las raíces de este hábito –pues es imposible considerarlo como una emanación del Derecho Constitucional, ya que ningún cuerpo legal lo sostiene– se originaron en los primeros Senados republicanos. No podemos dejar de pensar que la ausencia de un espíritu verdaderamente democrático en Chile proviene de la forma en que se consolidó el Estado y cómo se perpetuaron en el uso y ejercicio del poder familias enteras, convirtiendo los cargos senatoriales y, por ende, el poder político, en asuntos de familia, en pactos matrimoniales entre las fortunas, y en la casi imposibilidad para los advenedizos de acceder a ellos. En pleno siglo veinte, no sólo constatamos que muchas diputaciones pasan de padres a hijos, y lo mismo ocurre con las senadurías. También ha sucedido con la presidencia de la República, para lo cual baste mencionar a los tres Montt, los tres Errázuriz, los dos Alessandri y con dos períodos del primero de ellos, los dos gobiernos de Ibáñez, y los dos de Frei padre e hijo, lo que constituye, además de un rasgo curioso, una anomalía institucional y una muy clara ausencia de aceitados mecanismos democráticos, pues sólo estos trece casos representan setenta y ocho años de gobierno en una nación con sólo ciento setenta años de vida independiente. Prueba asimismo que los apellidos siguen pesando más que las ideas y sugiere una incontestable continuidad política. Los hechos lo confirman: este continuismo ha sido roto sólo en tres ocasiones a lo largo de toda la historia política de Chile: José Manuel Balmaceda (1886-1891), Pedro Aguirre Cerda (1938-1941) y Salvador Allende (1970-1973). Supone al mismo tiempo la absoluta ausencia de alternancia en el poder, a diferencia de lo que ocurre en los Estados Unidos, por ejemplo, para citar un caso.

El cuadro se agrava aún más si consultamos la nómina de los primeros Senados. Constataremos que muchos apellidos allí presentes reaparecen en la nómina de los senadores contemporáneos, como si a través de cerca de dos siglos de vida republicana sólo unas pocas familias hubieran contado en su seno con políticos capaces de gobernar el país. Veamos: entre 1834 y 1874 fueron elegidos senadores hombres cuyos apellidos resultan extrañamente familiares hoy en día: Aldunate, Barros, Bulnes, Cruchaga, Echaurren, Echeverría, Errázuriz, Eyzaguirre, Guzmán, Irarrázaval,

Larraín, Matte, Ochagavía, Ossa, Ortúzar, Ovalle, Pérez, Pinto, Portales, Prieto, Tocornal, Vial, Valdés, y Concha, entre muchos otros.

Comenta Feliú Cruz: "El carácter oligárquico del Senado desde 1834 –elegido con las disposiciones transitorias de la Constitución de 1833–, hasta 1876, se manifiesta con la sola enunciación de los nombres que lo compusieron y representa la reunión de una casta aristocrática agrícola, a los cuales se agregan algunos capitalistas de la industria. Casi todos sus miembros se vinculaban entre sí por alianzas matrimoniales. Esta homogeneidad daba la impresión de que la República era dirigida y manejada por un grupo de familias cuyo poder arrancaba principalmente del dominio de la tierra, de la riqueza que ella controlaba y de la autoridad patronal que ejercitaba en el electorado rural y urbano".[6]

Aquí hay que añadir la incorporación a estos Senados de numerosos militares de alto rango en retiro, algunos de ellos ex presidentes de la República (Prieto, Bulnes), lo que vuelve a poner sobre el tapete este pacto o alianza, nebuloso para el observador externo, pero probablemente muy explícito para los miembros de esta cofradía cívico-militar en que se asienta la República. No corresponde hablar de hechos fortuitos sino de acuerdos pues, como veremos, el aparato armado o Partido Militar ha tenido mucho más preponderancia en la vida política activa del país que en el cumplimiento de sus funciones intrínsecas: defensa de las fronteras, de la soberanía nacional, protección de la República y de sus ciudadanos, etc. Por el contrario, el Partido Militar ha violado sistemáticamente los derechos humanos en Chile, por lo menos desde 1853, aunque se sostenga que no existía la noción de los derechos humanos o del hombre en forma definida y clara, hecho sin embargo discutible. Ya en 1793, en Francia, se había redactado y publicado una *Declaración de los Derechos del Hombre* (entre "Hombre" y "Humanos" no puede existir ninguna diferencia desde el punto de vista de la semántica), y es imposible pretender que los altos responsables políticos y militares no la conocieran. Más recientemente, la Organización de las Naciones Unidas redactó y aprobó la *Declaración de los Derechos del Hombre,* en 1948, y ella fue aceptada y firmada por la inmensa mayoría de los estados miembros.

PERO HAY ALGO FUNDAMENTAL: EN LA *CONSTITUCIÓN DE LA REPÚBLICA DE CHILE*, PROMULGADA BAJO LA DICTADURA DE AUGUSTO PINOCHET UGARTE, EN 1980, EXISTE EL CAPÍTULO III, DONDE ESTÁ ESPECÍFICAMENTE REGULADO EL PROBLEMA DE LOS DERECHOS HUMANOS Y LOS DERECHOS DE LOS INDIVIDUOS. (Ver los textos primero y tercero que se incluyen completos en los Anexos al final del libro).

Por otra parte, el Partido Militar, en varios casos, ha permitido violaciones a la soberanía nacional, o la ha violado directamente. Algunos ejemplos:

1) No se opuso a que enormes sumas de dinero inglés financiaran a los opositores de Balmaceda y lo derribaran en 1891.

2) Tampoco a que el Ministro de Relaciones Exteriores, Luis Izquierdo, solicitara la intervención armada de los Estados Unidos en Chile, para sofocar el motín de los marineros, en 1931.

3) No estuvo en contra y se abstuvo de denunciar la presencia de tropas estadounidenses en el mineral de Chuquicamata durante la Segunda Guerra Mundial, hecho que el Parlamento y el Senado de entonces no conocieron, al menos oficialmente.

4) Y nada dijo cuando durante el paro de octubre de 1972, tropas brasileñas, vistiendo uniformes bolivianos, se apostaron en la frontera noreste de Chile,

sin que efectivos del Ejército chileno se movilizaran para prevenir una violación de nuestras fronteras.

5) Y desde luego, recurrió directamente al apoyo económico y militar estadounidense para llevar a cabo el golpe del once de septiembre de 1973, como lo prueban los documentos secretos recientemente desclasificados por el gobierno norteamericano.

5. La transnacional militar americana desde 1948

Los historiadores, cuando no ignoran olímpicamente la violencia terrorista del Estado, la asimilan a actos legítimos de gobierno destinados a preservar el orden, intervenciones represivas o masacres, excluyendo la noción moral de todo derecho que proteja o permita la aplicación estricta de una verdadera justicia a los exaltados, reprimidos o masacrados. Así las matanzas de trabajadores que exigían el cumplimiento de sus derechos sociales se fueron transformando paulatinamente en un hábito de los represores y masacradores, del mismo modo que los pronunciamientos militares derrocando gobiernos civiles, democráticamente elegidos, se convirtieron poco a poco también en una especie de obligación consuetudinaria.

Revisando el siguiente cuadro, se nos hace incomprensible la pertinacia de algunos políticos latinoamericanos quienes insistieron durante tantos años e insisten actualmente en considerar al Partido Militar como un estamento no deliberante, apolítico, ceñido a las atribuciones que le confieren las Constituciones y sin injerencia alguna en las confrontaciones políticas civiles. Sólo después del Golpe Militar de Chile, la verdadera cara de los Partidos Militares ha perdido la máscara:

1) Desde 1935 hasta 1964 se registraron *cincuenta y seis* cambios de gobierno, provocados por golpes militares, en veinte países latinoamericanos.

2) Desde el fin de la Segunda Guerra Mundial –período de la guerra fría–, *treinta y un presidentes en ejercicio,* elegidos mediante elecciones democráticas, fueron derribados por golpes militares en América Latina.

3) *En diez años* (1945-1955), siete países latinoamericanos sufrieron un solo golpe militar, cuatro tuvieron dos, otros cuatro tres, y uno solo tuvo cuatro.

4) *Argentina registró doce golpes militares,* levantamientos o pronunciamientos, entre 1959 y 1966. Durante el gobierno de Arturo Frondizi se registraron siete pronunciamientos militares en apenas cuatro años de gobierno (el último lo derribó), y veintiséis planteamientos militares.

5) En 1968 había en Sudamérica *cinco gobiernos civiles y cinco dictaduras militares.*

6) En América Latina, desde 1935 a 1973, se registraron *sesenta y siete golpes militares.*[7]

Las cifras hablan por sí solas. Pero ellas no abordan las cuestiones de fondo: ¿cómo ha sido posible la proliferación de tantos golpes y pronunciamientos militares en Centro y Sudamérica? ¿Quiénes sostienen tales golpes? ¿Quiénes los financian? ¿Quiénes les proporcionan los pretextos coyunturales, para ocultar el hecho de que en realidad están interviniendo activamente *–utilizando la vía armada como forma insurreccional–* para irrumpir en la vida política de sus países? Y, sobre todo, ¿quiénes preparan a los generales para asumir tareas de gobernantes? En este último punto, el caso paradigmático es el del general Augusto Pinochet Ugarte, sobre el que volveremos un poco más adelante.

A comienzos de 1974 asistí en La Habana a una recepción en la cual se encontraba el Embajador de Vietnam en Cuba. En un momento determinado de la reunión, me dijo –en perfecto castellano– que algunos de los pilotos americanos que ellos habían capturado revelaron que no sólo existía la *Escuela de las Américas*, en Fuerte Amador, Panamá, ni la *Escuela de Fort Belvoir*, en Virginia, USA, para adiestrar a los oficiales latinoamericanos, sino también una *Escuela para oficiales superiores*, que se hallaba en Alabama por ese entonces. Esta escuela estaba destinada exclusivamente a coroneles y generales. En Panamá se adiestraba principalmente a militares de mandos medios, que adquirían allí nociones avanzadas de inteligencia, espionaje y contraespionaje y, desde luego, lucha antiguerrilla rural y urbana, y métodos de tortura, algunos muy sofisticados. Un documento recientemente desclasificado por el gobierno estadounidense establece una lista parcial de oficiales chilenos graduados en la *Escuela de las Américas*, en Panamá. La simple revisión de los nombres revela que varios de entre ellos fueron después integrantes de la DINA (Dirección Nacional de Inteligencia), y al menos uno de ellos, Director del centro de torturas, LO QUE PARECE SIGNIFICAR QUE ANTES DE CREAR LA DINA, Y LUEGO LA CNI (CENTRAL NACIONAL DE INFORMACIONES), SE PREPARARON EN EL EXTRANJERO LOS HOMBRES QUE INTEGRARÍAN SUS FILAS. Los graduados más antiguos son de 1965 y los más recientes, de 1986 y 1987. Es decir, que, junto con poner en marcha el golpe, desde 1969, Richard Nixon y Henry Kissinger contaron con la evidente complicidad de altos mandos de las Fuerzas Armadas chilenas, ENTRE LOS CUALES ES LITERALMENTE IMPOSIBLE QUE ESTUVIERA AUSENTE AUGUSTO PINOCHET, POR LA PREEMINENCIA QUE TUVO Y CONSERVÓ DESDE EL PRIMER MOMENTO DE INICIADAS LAS ACCIONES

GOLPISTAS. Él mismo sostuvo que comenzó a conspirar en 1972, aunque desestimó todo apoyo exterior. En todo caso, la frase de Nixon, que data de 1969, afirma que jamás permitiría la elección de Salvador Allende o su gobierno y luego la búsqueda denodada de *un hombre en Santiago* que encabezara el golpe militar –el que finalmente apareció, tras el fracaso del general Roberto Viaux, también contactado por USA, según algunos de los documentos secretos de la CIA y el Pentágono desclasificados hasta hace muy poco– revelan una frialdad de propósitos y una obcecación que provocan vértigo. A propósito de *nuestro hombre en Santiago*, es mencionado explícitamente cuando la Casa Blanca decide retrasar el golpe: un telegrama de Kissinger a la central de la CIA en Chile dice "–Comunicar a nuestro hombre en Santiago que toda acción es imposible mientras el General Schneider esté al frente del Ejército, porque no la permitiría". Tres meses después, Schneider era asesinado.

La mayor parte de estos graduados devinieron connotados torturadores y especialistas en el trato de los prisioneros civiles, que constituyeron la inmensa mayoría de los detenidos en Chile, desde el once de septiembre de 1973. He aquí el historial de algunos, revelado en el documento. En él se advierte expresamente que Augusto Pinochet no fue graduado en Panamá, aunque recibió una influencia muy marcada de la *Escuela de las Américas, la cual visitó por última vez antes del golpe, en 1972.*[8] El periodista Charles Call afirma que en 1991 los visitantes de la *Escuela de las Américas* podían ver una espada ceremonial obsequiada por Augusto Pinochet, exhibida en la oficina del Comandante de la escuela. Quizás estas revelaciones concedan más fuerza y credibilidad a la tesis de la *Escuela de Alabama,* lo que, a su vez, implicaría que Pinochet fue preparado en el extranjero para ejercer su larga y horrorosa dictadura de dieciocho años. Esto conduce a pensar que pudo haber sido acusado de alta traición a su patria, por coludirse con una potencia extranjera para acabar con la democracia en Chile y por faltar a su juramento de soldado. No se improvisa a un dictador de sus características. Tampoco se improvisa a un hombre que supo ocultar hasta *el día decisivo* su implicancia en el golpe. Su enajenante servilismo, su perfil bajo y su afán de no hacerse notar jamás, remarcados por Margarita Isabel Letelier y los consejeros de Orlando Letelier cuando éste era Ministro de Defensa, parecen probarlo.

Margarita Isabel Letelier relata que en una ocasión Orlando, su marido, le dijo, mientras abandonaba el Ministerio de Defensa:

"Ahí estaba el imbécil, poniéndome el abrigo y luego, sujetándome el maletín, mientras yo buscaba mis llaves. Nunca he visto un hombre más servil."[9]

Por su parte, el Embajador estadounidense Edward Korry, que desempeñaba el cargo en Chile durante los acontecimientos de septiembre, previene que si se desclasificaran todos los documentos relativos al golpe de Augusto Pinochet Ugarte, la responsabilidad de múltiples políticos y militares de Estados Unidos quedaría en evidencia y traería insospechadas repercusiones políticas, en particular porque el golpe se produce durante la égida republicana.[10] De ahí la extrema cautela con que los documentos están siendo liberados del secreto, y de ahí también las numerosas líneas borradas o tachadas que aparecen en muchos de ellos.

En un documento secreto desclasificado recientemente, gracias a las gestiones de la investigadora y periodista estadounidense Lucy Komisar, las aseveraciones del embajador Korry quedan ampliamente confirmadas, y también, los lazos que ligaron a Pinochet y Kissinger, lo que revela la dimensión de las mentiras políticas y diplomáticas a que ambos han echado mano. Mientras Pinochet niega la participación estadounidense en el golpe, Kissinger sostiene no haber conocido nunca a Augusto Pinochet.

Escribe Lucy Komisar: "...Los papeles secretos del Gobierno de Estados Unidos sobre Chile, que la Administración norteamericana afirma va a poner a disposición de la acusación española en el *caso Pinochet,* van a resultar comprometedores para Henry Kissinger, el personaje más vinculado a la trama para derrocar el Gobierno de Allende con ayuda de Estados Unidos. Demuestran también que en los meses y años inmediatamente posteriores al golpe de 1973, Kissinger ocultó informaciones en su poder sobre las atrocidades cometidas en Chile y se esforzó por convencer a Pinochet de que el Gobierno de Estados Unidos no consideraba que su conducta fuera un gran problema.

A las doce del día ocho de junio de 1976 se reunieron en el despacho del dictador, en La Moneda, el Secretario del Departamento de Estado, Henry Kissinger, y Augusto Pinochet. También estaban presentes William D. Rogers, secretario Adjunto para Asuntos Interamericanos, Patricio Carvajal, Ministro de Relaciones Exteriores, Manuel Trucco, embajador de Chile en Estados Unidos, Ricardo Claro, Coordinador para la Conferencia OEA/GA por el Gobierno chileno, y el intérprete Anthony Hervas. He aquí un breve extracto de los propósitos intercambiados, según el documento desclasificado por gestiones de Lucy Komisar:

Pinochet: Permítame decirle cuánto le agradezco que haya venido a la conferencia.

Kissinger: Es un honor reencontrarlo. Me ha emocionado la recepción popular a mi llegada. Tengo una enorme sensación de amistad en Chile.

Pinochet: Este es un país de gente cálida y amante de la libertad. Por ese motivo no aceptaron al comunismo cuando éste intentó apoderarse del país. Formamos parte de una lucha a largo plazo. Es una fase más del mismo conflicto que estalló en la Guerra Civil española. Y fíjese que, a pesar de que los españoles intentaron detener el comunismo hace cuarenta años, está resurgiendo de nuevo en el país.

Kissinger: Hace poco recibí al rey de España, y hablé con él de eso, precisamente.

Pinochet: Siempre he estado en contra del comunismo. Durante la guerra de Vietnam (¿EN DÓNDE Y CUÁNDO ESTUVO PINOCHET EN CONTACTO CON MILITARES ESTADOUNIDENSES DURANTE LA GUERRA DEL VIETNAM?), conocí a varios militares estadounidenses y les dejé clara mi postura anticomunista. Les dije que confiaba en que serían capaces de derrotarlos.

Kissinger: Tengo que reconocer que su portavoz (Sergio Diez) ha sido muy eficaz al explicar su postura en la sesión de la Asamblea General celebrada esta mañana. En Estados Unidos, como usted lo sabe muy bien, simpatizamos con lo que está intentando hacer aquí. En mi opinión, el gobierno anterior estaba abocado al comunismo. A usted le deseo lo mejor. Nos enfrentamos a enormes problemas internos en todos los sectores del gobierno –especialmente en el Congreso, pero también en el Ejecutivo–, por la cuestión de los Derechos Humanos. Como sabe, el Congreso está discutiendo nuevas restricciones sobre la ayuda a Chile. Nosotros nos oponemos. No podemos proponerle con exactitud qué debe hacer usted. Esta tarde voy a hablar sobre los Derechos Humanos ante la Asamblea General. He aplazado mi discurso hasta después de haber hablado con usted. Deseaba que comprendiera mi posición. Queremos actuar mediante el convencimiento moral, no a través de sanciones legales. Por eso nos oponemos a la Enmienda Kennedy. En mi declaración voy a hablar de los Derechos Humanos en general y en un contexto mundial. Me referiré en sólo dos párrafos al informe de la Comisión de Derechos Humanos de la OEA sobre Chile. Mi discurso no va dirigido a Chile. Mi opinión es que usted es víctima de todos los grupos izquierdistas del mundo, y que su mayor pecado es haber derrocado a un gobierno que se dirigía al comunismo.

Por su parte, el periodista de *El País* Ernesto Ekaizer, en un artículo despachado desde Madrid, para el número del 28 de febrero de 1999, comenta el documento desclasificado sobre la reunión del ocho de junio, bajo el título de *Asesinado tres meses después,* destacando que en dicha reunión Pinochet mencionó dos veces el nombre de Orlando Letelier a Henry Kissinger:

Pinochet: Estamos volviendo a la institucionalización paso a paso. Pero sufrimos ataques constantes de los democratacristianos. Tienen peso en Washington. No en el Pentágono, pero sí en el Congreso. Gabriel Valdés tiene influencia. Y Letelier. Y Tomic y otros que no recuerdo. Letelier tiene acceso al Congreso. Sabemos que están dando información falsa. No tenemos experiencia de gobierno. Estamos preocupados por nuestra imagen".

Ekaizer añade:

"En sus memorias, Kissinger termina con una referencia a su viaje (a Chile, en 1976). *Omite, desde luego, su entrevista con Pinochet.* El acta de la reunión deja claro que Kissinger hizo una componenda y acordó previamente con Pinochet los términos en que se referiría a los Derechos Humanos. El hecho es que el veintiuno de septiembre de 1976, tres meses después de producido el encuentro, la DINA consumaba el asesinato de Letelier y de su colaboradora Ronni Moffitt, en Washington. El jefe de la DINA, Manuel Contreras, fue condenado por este asesinato. Pero el hombre obsesionado con Letelier, el que habló de él a Kissinger, el que una vez dijo: –*La DINA soy yo,* esto es, Pinochet, no fue acusado. Tras la detención de Pinochet en octubre (Londres, 1998), Kissinger dijo que el Reino Unido cometió un serio error al detener al ex dictador chileno, y explicó que él nunca había oído hablar de Pinochet cuando éste llegó al poder tras el golpe de Estado en Chile. (En Santiago, en 1976 se habló de *reencuentro* y Kissinger nunca había estado en Chile, de lo que se desprende que hubo al menos un encuentro en el exterior antes del golpe.)

Probablemente a causa de todo esto, el ex embajador de Estados Unidos en Chile durante el golpe militar del 11 de septiembre, Edward Korry, sugiere a la periodista Loreto Daza:

–El propio Kissinger podría ser enfrentado con una acción de la Corte.[11] (Ver Anexo Siete.)

6. Las "Escuelas" para oficiales latinoamericanos en USA

El documento titulado *Chilenos notorios graduados en la Escuela de las Américas* –investigación realizada por Vicky Imerman y Heather Dean– establece en primer término que uno de cada siete graduados formó parte del cuerpo de torturadores de la DINA. Se deja establecido, sin embargo, que otros cumplieron también diversas tareas en el seno de la dictadura, todas relacionadas con la represión. Entre los primeros miembros del *staff* de la DINA se cita a los graduados Luis Alberto Medina Aldea, Jorge Aro Peigneguy, Eugenio Videla, René Riveros y Guillermo Salinas.

Más adelante la información se hace más precisa:

Hugo Acevedo, graduado en 1970, torturador de la DINA; teniente coronel Germán Barriga, graduado en 1986, instructor y encargado de la represión contra el Partido Socialista; coronel Pablo Belmar, instructor invitado en 1987, y graduado en 1968, en un Curso de Orientación sobre Armas Básicas. Miembro del cuerpo de torturadores de la DINA, es uno de los implicados en el asesinato del funcionario español de las Naciones Unidas Carmelo Soria.

Alejandro Burgos, graduado en 1975, oficial de orientación básica, torturador de la DINA y especialista en Manipulación de Prisioneros Políticos.

Coronel Alfredo Canales, graduado en 1974, oficial de orientación básica, mezclado a un sórdido asunto relacionado con la muerte de cuatro soldados, sepultados en terrenos del Ejército. Canales aprobó y luego se opuso a la exhumación de los cuerpos, presumiblemente para impedir que los militares se vieran obligados a reconocer su responsabilidad en estos asesinatos.

Teniente coronel Alfonso Faúndez Norambuena, graduado en 1969, oficial de orientación, jefe del campo de concentración de Villa Grimaldi, por el cual pasaron alrededor de cuatro mil quinientos prisioneros políticos.

Teniente Armando Fernández Larios, graduado en 1970 en orientación sobre armas de combate. Es el de más espeso historial. Secundó al general Sergio Arellano Stark, responsable directo, por órdenes superiores, de la *Caravana de la Muerte,* quien recorrió el

Norte de Chile haciendo ejecutar a decenas de prisioneros políticos en forma sumaria. Fernández Larios participó luego en el asesinato del ex comandante en jefe del Ejército Carlos Prats González, en Buenos Aires, y más tarde, en los asesinatos del ex Ministro de Defensa y ex Embajador de la Unidad Popular en Washington, Orlando Letelier y su secretaria, Ronni Moffitt.

Mayor Carlos Herrera Jiménez, graduado en 1971 en orientación sobre armas de combate, torturador y asesino, involucrado en la muerte de un transportista en La Serena y en el asesinato del sindicalista Tucapel Jiménez.

Eduardo Iturriaga Neumann, graduado en 1965, oficial de la DINA, experto en la explotación de los prisioneros políticos; teniente Miguel Krassnoff, torturador graduado en 1974, en contrainsurgencia urbana, miembro de la DINA, responsable del asesinato de cuatro soldados opositores al golpe.

Teniente coronel Fernando Lauriani, graduado en 1971, en orientación sobre armas de combate, implicado particularmente en 1974 en el rapto, el asesinato y la desaparición de los hermanos Juan Carlos y Jorge Elías Andrónico Antequera. Pinochet empleó todos sus recursos de poder y chantaje para evitar que Lauriani fuera juzgado y condenado. Coronel Jaime Lepe Orellana, graduado en 1968, en curso de orientación de armas básicas, implicado en 1976 en la tortura y asesinato de Carmelo Soria. Lepe fue secretario personal del dictador Augusto Pinochet. El cuatro de noviembre, en forma pública, el presidente Eduardo Frei rechazó la propuesta de promoción a brigadier general de Jaime Lepe, basando su argumento en que éste tenía mala imagen ante la opinión pública, y no debían dañarse las *relaciones armoniosas* entre los ciudadanos chilenos y las Fuerzas Armadas.

General Augusto Lutz, graduado en 1966, Comando y Estado Mayor. Lutz fue Jefe de Inteligencia de la Junta Militar en los primeros años del golpe. Enviado en misión especial a Puerto Montt, debió ser hospitalizado y operado, muriendo en el curso de la intervención. Su hija ha interpuesto una denuncia asegurando que su padre cayó en desgracia ante la Junta y fue asesinado por orden de ésta.

Odlanier Mena, graduado en 1970, Comando y Estado Mayor. Reemplazó a Manuel Contreras como Director de la DINA, en 1978. Luz Arce, prisionera política que fue torturada en sus recintos, revela que Mena le ofreció la libertad a cambio de tres años de espionaje al servicio de su organización represiva. Técnicamente, este tipo de acciones se conoce como *Manipulación de Prisioneros.*

Por otra parte, el ex general Manuel Contreras, fundador, organizador y primer Director de la DINA, acusó desde la prisión de Punta Peuco a Odlanier Mena, denunciando que en una ocasión intentó envenenarlo.

Manuel Contreras no aparece entre los graduados de la *Escuela de las Américas,* pero también viajó a Estados Unidos en 1967, donde siguió un curso regular de Estado Mayor para Oficiales Ingenieros en Fort Belvoir, Virginia. Cabe suponer que aparte de este curso regular, asistió a otros, muy especializados, pues no bien realizado el golpe de 1973, Augusto Pinochet, quien lo había conocido íntimamente cuando ambos coincidieron en la Academia de Guerra entre 1969 y 1971, le confirió un *cheque en blanco* para organizar la DINA.

Teniente coronel Manuel Rolando Mosqueira Jarpa, graduado en 1970, en orientación de armas de combate. Fue uno de los torturadores del campo de concentración de Villa Grimaldi, por el cual pasaron alrededor de cuatro mil quinientos prisioneros políticos.

Coronel Manuel Provis Carrasco, graduado en 1970, en orientación para armas de combate, quien también desarrolló su actividad en las salas de tortura de Villa Grimaldi.

Coronel Marco Antonio Sáez Saavedra, graduado en 1970, en orientación para armas de combate, otro de los torturadores especializados de Villa Grimaldi.

Mayor Guillermo Humberto Salinas Torres, graduado en 1974, en curso de armas combinadas para cadetes, participó en 1976 en el secuestro, torturas y asesinato de Carmelo Soria, pero, protegido por el paraguas de las leyes de amnistía dictadas por Augusto Pinochet, no ha sido juzgado.

Carlos Parera Silva, graduado en 1969 en operaciones de guerra irregular, fue uno de los hombres claves en la represión y torturas de Villa Grimaldi, como miembro de la DINA.

Coronel José Zara, graduado en 1965 *como Soporte Aéreo Básico*, y en 1970, como *Oficial de Orientación Básica.* De acuerdo con los abogados que trabajan en el caso, José Zara, en tanto que Subsecretario de Relaciones Internacionales de la DINA (*Operación Cóndor*), proveyó los soportes logísticos necesarios para consumar el asesinato del ex Comandante en Jefe del Ejército chileno, Carlos Prats González y su esposa, Sofía Cuthbert, en Buenos Aires, en 1974.

Pero la represión militar contra los civiles es en Chile una vieja historia, de la cual vamos a ocuparnos pronto. Esta represión no ha sido jamás espontánea. Obedece al mencionado pacto cívico-militar, hoy transformado prácticamente en cogobierno, pues el estatuto de los militares cambió profundamente desde el once de septiembre, y sobre todo, desde la promulgación de la Constitución de 1980, inspirada esencialmente por el abogado y senador Jaime Guzmán Errázuriz, uno de los cerebros civiles de la Junta y asesor extremadamente próximo de Augusto Pinochet Ugarte. En efecto, las Fuerzas Armadas han sido erigidas en *garantes de la Constitución*, pieza jurídica elaborada por ellas mismas y jamás aprobada en consulta popular a través de un plebiscito claro, democrático, directo y sin reservas, como se quiere presentar el de 1981. Se desempeñan también como un *órgano tutelar de la democracia en Chile*, tarea que jamás les fue entregada en forma explícita en el curso de toda nuestra historia, y probablemente caso único en el mundo en un país de estirpe democrática. El estudio de esta Constitución no es parte del presente trabajo, de modo que nos basta por ahora con las dos observaciones enunciadas y la reproducción en los Anexos, del Capítulo Tres, donde precisamente se establecen reglas sobre los Derechos Humanos.

Pero a modo de conclusión de esta primera parte, añadiremos que, reducido el análisis al ámbito de América Latina, no es difícil descubrir puntos de vista y opiniones francamente opuestas entre las Fuerzas Armadas latinoamericanas, lo cual fue claramente expresado, por ejemplo, en la Décima Conferencia de Comandantes en Jefe de Ejércitos Americanos, realizada en Caracas en septiembre de 1973. Como sostiene el ex coronel argentino Horacio P. Ballester, presente en dicha reunión castrense: "... Es obvio que la iniciativa de estas conferencias partieron del Pentágono, que preparó cuidadosamente el terreno antes de iniciarlas. Esta preparación comienza con los Pactos de Ayuda Militar (PAM), y luego con el entrenamiento de oficiales latinoamericanos en Estados Unidos y en bases extraterritoriales de ese país. MÁS DE 50.000 OFICIALES LATINOAMERICANOS HAN SIDO PREPARADOS MILITAR Y POLÍTICAMENTE POR EL PENTÁGONO DESDE EL COMIENZO DE LA GUERRA FRÍA. Esto logró el efecto estratégico deseado, tendiente a convencer a las Fuerzas Armadas latinoamericanas de la necesidad de intervenir directamente en las políticas nacionales y en la política hemisférica. Las CEA se inauguran en 1960, en el Comando de Fuerte Amador, Zona del Canal, Panamá, a iniciativa del Comandante del Ejército norteamericano en el Caribe, Mayor General T.F. Bogart".

Agrega Ballester "... las Conferencias de Comandantes en Jefe de las Fuerzas Armadas Americanas (CEA), forman parte del sistema militar montado en torno a la seguridad del hemisferio, a partir en particular de los prolegómenos de la Segunda Guerra Mundial, y cuyo origen podría rastrearse incluso en la Doctrina Monroe. En tal carácter, constituyen un eslabón más de una estrategia global manejada y orientada desde el mismo Pentágono".[12]

7. El enriquecimiento ilícito de las dictaduras

En su número del 3 de marzo de 1999, *Le Canard enchaîné*, antiguo, célebre y prestigioso periódico satírico francés, comenta, en su ya clásico estilo:

"Oficialmente, Augusto y Lucía Pinochet no tienen más que una sola fuente de recursos. Aquella de la cual disponían, al abandonar el Elíseo (palacio presidencial francés), Ivonne y Charles de Gaulle: su remuneración como general en retiro. Una información que deja escépticos a los medios políticos chilenos, asegura *El Independiente*, periódico británico, y recoge también *El Correo Internacional* –semanario francés consagrado a cuestiones políticas, diplomáticas y económicas–, en su número del 22 de febrero. Estos *malos espíritus* relevan en efecto que el antiguo dictador se implicó demasiado en demasiadas privatizaciones industriales y mineras de su país –y ha implicado demasiado a algunos miembros de su familia: por ejemplo, su ex yerno, en la privatización de SOQUIMICH, la industria salitrera–, para que no se le sospeche de haber retirado beneficios contantes y sonantes de estas operaciones financieras. Por otra parte, encuestas oficiales llevadas a cabo en Suiza, Luxemburgo y España, deberían permitir muy pronto saber un poco más sobre las ventajas económicas que la familia obtuvo durante los años de la dictadura, desde 1973. Augusto Pinochet Hiriart, el que cuando apresaron a su padre, denunciaba la captura como "un atentado a los derechos del hombre" (¡¡¡-!!!), pronto va a aullar contra "la expoliación de los pequeños ahorradores".

Precisamente, el hijo del Comandante en Jefe del Ejército, recibió del Ejército un cheque por cuatro millones de dólares, ¡por la venta de bienes del Ejército al Ejército! Cuando se intentó llevar el caso a la Justicia, Augusto Pinochet sacó el Ejército a la calle para impedir el juicio, el que permanece pendiente hasta el día de hoy. Esta operación militar se llamó *El Boinazo*, y el robo, el caso de los *pinocheques*.

Pero hay mucho más, y mucho más grave. El diecinueve de julio de 1998, el periodista Marco Buitrago, bajo el título de: "PINOCHET HIZO DEL EJÉRCITO UNA EMPRESA INMOBILIARIA: MILES DE MILLONES EN NEGOCIOS CON PROPIEDADES FISCALES" , escribía en *Punto Final* (uno de los dos órganos de prensa de izquierda que aún permanecen activos en la *democracia tutelada* de fines de los años noventa, tal vez para mostrar el pluralismo informativo del Chile de hoy) un artículo reproducido en Internet, lo siguiente:

"La transición ha estado plagada de misterios, reuniones clandestinas, pactos míticos, secretos indescifrables, consumados en crípticos palacios y regimientos, o rubricados al amparo de enigmáticos desayunos o tés domingueros, tras las rejas y portones de conspicuos dirigentes políticos y castrenses. Una de estas enigmáticas citas, ocurrida hace una década (más precisamente en octubre de 1988) concluyó en uno de los tantos pactos secretos entre la dictadura saliente y la transición entrante. Entre los numerosos **No se toca** que hasta la fecha se han mantenido sin divulgación –puntos y temas intocables impuestos por el régimen militar para concretar el semiabandono del poder–, estuvo el de la lucrativa actividad comercial de la inmobiliaria castrense. Cientos de hectáreas, centenares de predios, casas y departamentos, transacciones multimillonarias, palos blancos, corredores de propiedades fantasmas. **No se toca** el mecanismo de traspaso de bienes fiscales a los patrimonios de afectación de las Fuerzas Armadas, haciendo uso de un decreto caducado en 1971. No se investiga el monto de las enajenaciones ni el destino de las ganancias generadas en primeras transacciones, segundas ventas, siguientes reventas".

Continúa Marco Buitrago:

"Debieron pasar diez años para que la opinión pública se enterara, con la aparición de un libro de investigación periodística firmado por Dauno Tótoro, *La Cofradía Blindada*, de estos secretos y de la dilapidación del patrimonio nacional, llevada a cabo por los más altos mandos de los institutos castrenses, empresarios civiles y militares, y la complicidad de la Contraloría General de la República, por no mencionar la vista gorda que han hecho altos dignatarios (civiles) del Estado (transicional), responsables de los bienes fiscales, salvo la honrosa excepción de la Ministra de Bienes Nacionales, Adriana Delpiano, y el Subsecretario Sergio Vergara, que intentaron caminos para poner fin a la monumental malversación y fraude".[13]

Por su parte, Dauno Tótoro explica:

"Se desconoce el monto de estas operaciones. En los archivos de Bienes Nacionales han quedado registrados únicamente algunos casos puntuales. ... A modo de ejemplo, sólo durante el período que va de 1991 a 1995, las Fuerzas Armadas informaron ingresos por encima de los 19 mil millones de pesos. Esta cifra aumentó, entre 1996 y 1997 (en plena transición, N.D.A.), a 66 mil millones de pesos. Semejantes sumas, además de impactar por su origen y procedencia, resultan un verdadero insulto a la población, afectada por fuertes recortes en los presupuestos de Salud, Educación y Vivienda. Un solo año de enajenaciones fiscales reporta utilidades a las Fuerzas Armadas que superan el 600% del recorte en el presupuesto de Salud.

"Durante 27 años, utilizando un decreto transitorio que caducó en 1971, los Comandantes en Jefe y Jefes de los Servicios de Bienestar de las Fuerzas Armadas, de Orden y Seguridad, reemplazaron al Presidente de la República en esta materia, disponiendo de bienes fiscales, enajenando predios y bienes inmuebles, propiedad de la ciudadanía. Estas ventas, alquileres, remates y usos indebidos, generaron un fondo reservado, secreto y no fiscalizado, que ingresó a las arcas institucionales de los organismos sin que se incorporara al Presupuesto de Defensa. ... De acuerdo a los datos del Ministerio de Bienes Nacionales, los bienes raíces y bienes inmuebles fiscales para el uso de las Fuerzas Armadas, de Orden y Seguridad, alcanzaron a 4.469, sumando un total de 15.921,6 kilómetros cuadrados, una superficie comparable a países como El Salvador o Israel".[14]

Continuando con este tema, diremos que el enriquecimiento ilícito –es decir, la exacción de los bienes nacionales en beneficio propio, trasladando grandes sumas de dinero a paraísos fiscales y secretos en el extranjero– es un hábito de los gobiernos dictatoriales. Uno de los casos célebres es el de Ferdinando Marcos, dictador de Filipinas, que robó a su país alrededor de cuarenta mil millones de dólares. Sólo después de su caída, en 1986, los bancos suizos y americanos accedieron a congelar sus cuentas. Lo mismo sucedió con el general Suharto, de Indonesia, uno de los hombres más ricos del mundo, que gobernó a su país con mano de hierro y lo despojó también con mano de hierro de cincuenta mil millones de dólares. El dictador español Francisco Franco, que comenzó su carrera militar modestamente, murió dejando a sus descendientes grandes fortunas y títulos nobiliarios. El recientemente desaparecido Joseph Desiré Mobutu, llamado también Sese Seko, acopió durante su dictadura una colosal fortuna personal, que sustrajo de los bienes de Zaire. *Baby* Doc Duvalier, hijo del dictador haitiano François Duvalier, que reemplazó a su padre en el poder, se refugió en Francia después de su caída, radicándose en un lujoso palacio de su pertenencia en la Costa Azul. La congelación de sus haberes en bancos suizos lo arruinó. Cuando Augusto Pinochet fue capturado en Londres, desapareció de Francia y hasta el día de hoy se ignora –al menos oficialmente– su paradero.

En América Latina, huyeron o murieron inmensamente ricos el dictador cubano Fulgencio Batista –que comenzó su carrera como sargento–, el nicaragüense Anastasio Somoza y el paraguayo Alfredo Stroessner, entre otros.

Lo que se sabe sobre Augusto Pinochet es todavía poco. Comparado con el ex General, ex Comandante en Jefe del Ejército y ex Ministro, Carlos Prats, que al momento de su asesinato vivía modestamente de su trabajo en Buenos Aires, a Pinochet le ha ido mucho mejor. Son conocidas sus lujosas propiedades en *El Melocotón,* en el Cajón del Maipo; *Bucalemu,* en el balneario del mismo nombre; *Lo Curro,* en Santiago; su gran departamento en los altos de Reñaca, y su espaciosa oficina de Valparaíso, que utilizaba para sus *actividades parlamentarias.* Muchísimo menos conocida es una historia que le concierne, ocurrida en Suiza y Holanda.

Al final de la administración de Patricio Aylwin, entre el dos y el nueve de junio de 1994, el Comandante en Jefe del Ejército de Chile general Augusto Pinochet Ugarte, desembarcó en Europa. Vestía de civil y viajaba bajo una identidad falsa ("Señor Contador"), con la que se inscribía en los hoteles. El departamento de los Asuntos Extranjeros del Consejo Federal de Berna declaró que la visita de Pinochet era privada y no que no tuvo ningún contacto con él. Sin embargo, los periodistas suizos se enteraron que el General había sido invitado por diversas industrias de armamentos de Suiza: Oerlikon-Bührle (defensa antiaérea), SIG (armas automáticas) y Mowag (carros blindados). El viaje del ex dictador debía continuar por Holanda, Praga y Moscú. Los especialistas estimaron que el viaje clandestino de Pinochet obedecía a ciertas reglas, que establecen fuertes comisiones en dólares para los intermediarios en la compra de armamentos. Como su visita era privada, su estatuto no pasaba de ser el de un intermediario y por lo tanto, le corresponderían jugosas comisiones en el caso de que los negocios se realizaran. Esto no resulta tan descabellado, pues el diario *Clarín* de Buenos Aires, cuya reputación nadie puede objetar, indicó que el viaje de Pinochet en septiembre de 1998 a Londres obedecía a la compra de cinco fragatas, por las cuales el Senador Vitalicio cobraría como comisión alrededor de cuatro millones de dólares, lo que hasta hoy no ha sido desmentido ni por el Gobierno chileno ni por los abogados ni por la familia de Pinochet. Sin olvidar que en Bélgica, el Ministro de la Defensa Lefèbvre, antes de suicidarse a causa de los escándalos ocurridos con las ventas de armas a su cargo, dejó una carta, en uno de cuyos párrafos mencionaba la existencia de una red chilena de compradores de armas, que hacían pasear el cargamento por varios puertos del mundo antes de que ellos llegaran a Chile, a fin de borrar la pista belga, y la pista de las comisiones. Tratándose de armas destinadas a Chile, es imposible que el Comandante en Jefe del Ejército ignorara estas operaciones.

En Holanda las cosas le fueron mucho peores. He aquí una historia que los chilenos desconocen, porque la prensa chilena en su conjunto, no dijo una palabra, pese a que fue transmitida por agencias noticiosas internacionales.

Un negociante en armas desciende de una limusina y penetra en un discreto hotel, en un pequeño pueblo muy próximo a Amsterdam. En el momento de franquear la puerta de entrada, el negociante se encuentra a boca de jarro con un caballero de edad, vestido de civil, los ojos cubiertos por lunetas negras, y acompañado por una decena de sujetos jóvenes, todos de civil también, todos con anteojos negros, y todos portando maletines negros del tipo *James Bond*. El hombre de negocios cree reconocer al caballero. Se dirige a la recepción y dice al empleado:

–Discúlpeme. Puedo equivocarme, pero acabo de cruzar en la puerta de entrada a un amigo. ¿Quiere usted decirme su nombre?

El empleado, que conoce al solicitante, pues es un viejo cliente del establecimiento, le pide un minuto para consultar los registros. Al cabo de un momento, responde:

–Aquí está. Es el señor Contador, y su habitación, la 409. ¿Quiere usted dejarle un mensaje?

–No, quiero ver inmediatamente a su patrón.

El empleado desaparece y al cabo de un rato regresa con el propietario del hotel. El hombre de negocios lo lleva aparte y le pregunta:

–¿Sabe usted a quién tiene hospedado en su establecimiento?

–Pues vea usted, en este instante hay muchos clientes.

–Acaba de salir por esa puerta, a la calle, el General en Jefe del Ejército chileno, y ex dictador, Augusto Pinochet.

–No puede ser. No figura en los registros.

–Precisamente. Está vestido de civil y se ha inscrito con el nombre falso de Señor Contador.

–¡Pero eso no es posible!

–Se lo garantizo. Yo he tenido tratos comerciales con él en Santiago de Chile, cuando gobernaba su país. El problema es grande para usted, pues si los exiliados latinoamericanos se enteran, este hotel puede volar de un momento a otro.

Aterrado, el propietario espera el regreso de Pinochet y le espeta;

–General, tiene usted que abandonar mi establecimiento. Yo no puedo garantizar su seguridad.

Augusto Pinochet le pide reserva sobre lo sucedido y esa misma tarde abandona el hotel, reapareciendo un día después en Praga, donde su presencia causó una considerable indignación. Allí los periodistas que estaban sobre el extraño caso, le pierden la pista. Sin embargo, durante varios días barajaron diversas hipótesis acerca de este hecho. ¿Sabía el gobierno chileno que Pinochet se encontraba fuera del país? ¿Lo sabía el Ministro de Defensa, su ministro de tutela? ¿Por qué entró en Suiza clandestinamente, y no como Comandante en Jefe del Ejército chileno? ¿No llamaba la atención que un oficial de tan alta graduación vistiera de civil, se inscribiera en un hotel bajo un nombre falso, y no se acogiera a las medidas de seguridad que podría haberle proporcionado el Estado? La impresión final es que Augusto Pinochet había ido allí para efectuar transacciones bancarias de carácter personal. Si su viaje obedecía a exigencias propias de sus funciones, por ejemplo, compra de armamentos –Suiza es una gran *plaque tournante* en el comercio internacional de las armas–, habría sido oficialmente recibido por las autoridades de la Confederación Helvética, lo que no fue el caso: los periodistas interrogaron a varios Consejeros Federales y ninguno estaba oficialmente informado de la presencia de Pinochet en Suiza.

Al parecer el juez Baltazar Garzón conoció este hecho pues en varias oportunidades viajó a Suiza para entrevistarse con la Consejera Federal, Carla del Ponte, probablemente con el fin de instarla a investigar las posibles cuentas bancarias privadas del ex dictador y de su familia, que pueden encontrarse en Zurich, en Ginebra, en Lucerna, como asimismo en Holanda, Bélgica o Luxemburgo. Augusto Pinochet fue fotografiado paseando por las riberas del lago Lucerna y justamente, del otro lado de la frontera, se halla el Principado de Liechtenstein, probablemente el más discreto de los paraísos fiscales de la región. En la edición del diario suizo *L'Illustré,* correspondiente al viernes diez de junio de 1994, sobre un pequeño artículo, puede verse una foto de Augusto Pinochet, de civil, descendiendo de un automóvil, al borde del Lago Lucerna, en compañía de otras personas.

Dos años más tarde, Augusto Pinochet volvió a Suiza, pero las autoridades helvéticas lo declararon persona no grata y le impidieron la entrada.[15]

8. El mito del Chile pacífico y democrático

Cuando concluye la era de los gobiernos militares, correspondientes a la lógica de las guerras de la Independencia, surgen las primeras administraciones civiles y se estructura lentamente un Estado civil que adopta la democracia como sistema de gobierno y las elecciones como modo de escoger los componentes de los mismos. Pero no ha sido un camino simple. El hecho de que Chile sea un país de antigua raigambre democrática ha creado algunos mitos. Uno de ellos es que nuestra historia se ha desarrollado pacíficamente a lo largo de dos siglos, y prácticamente el único sobresalto experimentado lo constituye el asalto al poder por el general Augusto Pinochet Ugarte y las otras jefaturas de las Fuerzas Armadas. Se relega así al olvido, las guerras civiles de 1851, 1859 y 1891; las exteriores de 1838 y 1879; el genocidio contra el pueblo araucano, conocido como *Pacificación de la Araucanía*; una treintena de masacres de trabajadores y estudiantes perpetradas entre 1887 y 1970 –sin considerar los asesinados por la dictadura de Augusto Pinochet, que merecen un capítulo aparte–; el crimen del ministro

Diego Portales, que acentuó los rasgos políticos autoritarios y puso especial énfasis en el "orden", lo que equivalió reprimir cualquier manifestación popular; y los golpes y pronunciamientos militares del almirante Francisco Neff y del general Luis Altamirano, en 1924; Carlos Ibáñez del Campo, en 1925; Marmaduke Grove y los cien días de Carlos Dávila, en 1931; la rebelión de los marineros en 1931; el gobierno militar de Blanche; *El Tacnazo* del general Roberto Viaux, en 1969; el pronunciamiento conocido como *Tancazo*, en 1970; otros ruidos de botas y de sables de menor categoría para cerrar el ciclo con la brutal irrupción política del pinochetismo que en dos ocasiones, durante su dictadura, sacó el Ejército a la calle (1986 y 1989), con armamento de guerra, para resolver "sus problemas políticos". Tratándose de un país "pequeño, pacífico y austero" como el nuestro, esta suma de sobresaltos es enorme.

Ahora entraremos de lleno en la materia principal de este libro: la forma en que el Partido Militar ha colaborado con la oligarquía para controlar el aparato del Estado, imponer el "orden burgués", sojuzgar a los trabajadores, contener la acción de los sindicatos, impedir el desarrollo de otras fuerzas partidistas que un día pudieran amagar el poder oligárquico que domina la política chilena, desde la creación de la República. En suma, controlar e incluso reprimir a sangre y fuego toda manifestación o acción que vaya contra los intereses de la clase dominante. Estos hechos –claramente históricos– no figuran en la *historia oficial* del país, son minimizados o la mayor parte de los historiadores los ignora como si jamás hubieran tenido lugar. Y sin embargo, los porfiados hechos están ahí, inconmovibles, irrefutables, iluminando con reflectores de rara intensidad la verdadera esencia de nuestra democracia.

9. La "Pacificación de la Araucanía"

Presidentes de la República durante los treinta años que duró la "Pacificación": Manuel MONTT: (1851-1861); José Joaquín PÉREZ: (1861-1871); Federico ERRÁZURIZ ZAÑARTTU: (1871-1876); Aníbal PINTO: (1876-1881) y Domingo SANTA MARÍA: (1881-1886).

La primera vez que el Ejército de Chile es utilizado por los gobernantes civiles contra su propio pueblo puede ser fechada en 1853. No sólo es utilizado: se deja utilizar sin ninguna preocupación moral, y algunos de sus generales y jefes militares obtienen incluso en esta guerra de exterminio contra los pueblos mapuche radicados al sur de La Frontera –la región comprendida entre los ríos Biobío y Toltén–, pingües beneficios económicos como, por ejemplo, la propiedad de grandes extensiones de tierra arrebatadas a los indios.

Como dijimos, muchos historiadores y aspirantes a historiadores, niegan la existencia de la *pacificación* y la irrefutable perpetración de este genocidio. Un ejemplo: "Había concluido el avance militar, que en un comienzo, por la falsa imagen de una lucha sangrienta y secular, se pensó sería terrible. Los hechos fueron, sin embargo, diferentes. No hubo ninguna rebelión formidable y todo se resolvió en palabras altisonantes, parlamentos bien intencionados, temores, amenazas y escaramuzas. La convivencia fronteriza había sido el verdadero factor de una integración iniciada en el siglo XVII".[16]

Pero cuando se ven obligados a abordar verdaderamente el tema, comienzan el discurso explicativo por la archiusada fórmula que ya emplearon los conquistadores del oeste en Estados Unidos: grandes extensiones de tierras sin trabajar –lo que es una infamia en relación con los araucanos–, necesidad de unir el territorio chileno, que por entonces comenzaba en Atacama, por el norte, y alcanzaba hasta el río Toltén, en el sur, hacer venir a los inmigrantes e instalarlos en la zona con un mínimo de seguridad, transformar la región en un enclave próspero. Sin embargo, como en todo lo que toca a la historia de los pueblos y a los actos de los hombres, aquí hay también un pero: no se comenzó por parlamentar con los primeros y legítimos ocupantes de aquellas tierras, no se sondeó sus puntos de vista, no se procuró buscar acuerdos compensatorios, sino que, simplemente, las cureñas precedieron al diálogo y los fusiles a la mesa de negociaciones. Sobre todos estos puntos, existen abundantes testimonios, algunos directos, de lo que sucedió durante la "pacificación". No todos estos testimonios son absolutamente honestos, y algunos escamotean hechos indiscutibles citados y probados documentalmente por otros, pero al fin y al cabo constituyen un reconocimiento de los sucesos. Al mismo tiempo y extrañamente para un país como Chile, en que el control de la información prácticamente nace con la República, hubo en el terreno del enfrentamiento reporteros que cubrieron toda la guerra de pacificación. Sus despachos figuran en numerosos periódicos y diarios de aquellos treinta años de combates y escaramuzas, de modo que no hay vuelta que darle. Y también aparecen libros de historiadores modernos y contemporáneos a los hechos[17, 18, 19, 20, 21, 22, 23].

Para medir la vastedad de los propósitos *pacificadores*, comenzaremos por decir que la guerra contra los pueblos mapuche se inicia bajo el gobierno de Manuel Montt (1851-1861) y prosigue, sin solución de continuidad, en las administraciones de José Joaquín Pérez (1861-1871), Federico Errázuriz Zañartu (1871-

1876), Aníbal Pinto (1876-1881) y Domingo Santa María (1881-1886). Es decir, cinco gobiernos sucesivos llevaron a cabo, con singular unidad de criterio político, la enormidad de la matanza.

Desde 1853 a 1868, las tropas penetraron en los territorios araucanos, siguiendo una muy bien planificada política de ocupación, cuya principal característica fue la construcción paulatina de fuertes a lo largo de los ríos principales. La idea era cortar poco a poco el territorio en el sentido Este-Oeste, haciendo avanzar la línea de fuertes hacia el sur, hasta alcanzar el río Toltén. Durante los primeros años las tribus se mantuvieron quietas. Hubo escasos intentos de diálogo y pocas escaramuzas guerreras, sobre todo porque algunas tribus, como los abajinos, rechazaban la idea de entrar en combate contra "los chilenos", cosa que en cambio hicieron los moluches y los arribanos. En ciertos momentos de la guerra, también intervinieron los pehuenches.

Para comprender estas diferencias de puntos de vista entre las tribus atacadas, es menester señalar que correspondían a etnias ligeramente diferentes, situadas las unas de las otras a grandes distancias, en regiones de difícil comunicación. Por otra parte, en Argentina, el Gobierno de Julio A. Roca iniciaba la *Campaña del Desierto,* que configuraba también un plan similar al chileno: abrir los territorios de la Patagonia a los inmigrantes europeos, en desmedro de los aborígenes. Se dio el caso entonces, de que los araucanos chilenos cruzaron la frontera para ayudar a sus congéneres argentinos y viceversa. Así, con dos ejércitos de gran poderío avanzando hacia el sur, a ambos lados de la Cordillera de los Andes, la posibilidad de refugiarse temporalmente en uno u otro estaba cruelmente excluida. Cabe suponer, por fin, que existió un acuerdo tácito o explícito entre ambos Gobiernos para lanzar el largo, cruento y definitivo ataque contra los pueblos del sur.

Sin embargo, al comenzar la resistencia araucana, el Ejército decidió aplicar poco a poco la política de tierra arrasada: llegaban los destacamentos a un caserío mapuche, asesinaban a hombres, mujeres y niños, incendiaban las rucas y robaban todo el ganado –caballos, bovinos, ovinos–, que luego vendían en los mercados ganaderos de Chillán y Los Angeles, para financiar la "pacificación". Contra muchas ideas preconcebidas, cuando no formidables mentiras justificadoras de la exacción, los pueblos mapuche se habían transformado en sociedades agrícolas y ganaderas. La prueba palpable es que durante la ocupación, las tropas robaron cientos de miles de cabezas de ganado y quemaron miles y miles de hectáreas de siembras, lo que figura, como una confesión, en muchísimos partes de guerra, redactados con inexplicable orgullo. Sólo en el verano de 1869, cuando comienza la guerra de exterminio, los araucanos fueron despojados de 20.000 ovejas, 5.000 vacunos, 500 caballos y un número no determinado de otros animales menores y aves de corral, aparte de las sementeras incendiadas. Las estadísticas calculadas del despojo total serán examinadas después. Esta forma de guerra se llamó, eufemísticamente, *guerra de recursos*.

Ante el aumento de las agresiones y robos, y las primeras muertes masivas, por supuesto mucho más de indígenas que de soldados, la violencia se instaló en todo el territorio. No obstante, había elementos moderados, como el presidente Domingo Santa María, bajo cuyo mandato se puso fin a la contienda, quien, aunque aprobaba la guerra de recursos, repudiaba las medidas violentas; es decir, los asesinatos de las poblaciones, sin distinguir entre guerreros, mujeres y niños, y también comenzaron a alzarse voces que protestaban por la interminable duración del conflicto. Finalmente, en 1869, triunfó la tesis de los que preconizaban la guerra de exterminio, y a partir de entonces, se materializó uno de los genocidios más salvajes de la historia de América Latina, porque no se trataba de latifundistas arrebatando tierras ajenas, sino del Estado chileno atacando con tropas regulares a sus propios connacionales.

"... Yo no diviso una gran diferencia entre la ocupación periódica, por medio de adelantos progresivos de la línea de frontera, y el dominio del territorio, *exterminando de una vez por todas a la mayor parte de sus habitantes.* En el primer caso, la cuestión es obra de tiempo, de paciencia y de luchas prolongadas y parciales, que nos ponen en posesión de un corto espacio de territorio, ocasionando cierto número de víctimas entre las fuerzas regulares e irregulares y no pocas entre los pacíficos pobladores fronterizos. *Una guerra activa y de exterminio,* aunque en desacuerdo con los principios humanitarios de los pueblos cultos, ES LA QUE MÁS SE ACUERDA CON LA PRÁCTICA Y LA EXPERIENCIA DE LA GENERALIDAD DE LOS MILITARES Y DEMÁS PERSONAS QUE CONOCEN AL ARAUCANO Y SUS TENDENCIAS, Y EL RESULTADO, AUNQUE MÁS RÁPIDO, Y AL PARECER, MÁS CRUEL, OCASIONA INDUDABLEMENTE MENOR NÚMERO DE VÍCTIMAS Y MENOR GASTO. Francia, la nación más culta, España la Católica, Estados Unidos, la República Modelo, han hecho la guerra de exterminio a los beduinos, a los moros, a los iroqueses y a los pieles rojas. FUERZA ES QUE EMPRENDAMOS CON MAYOR TESÓN LA GUERRA DE RECURSOS, Y DIGÁMOSLO DE UNA VEZ, LA GUERRA DE EXTERMINIO".[24] (Los subrayados se hallan en la cita original).

En el verano de 1869 se inicia la guerra de exterminio, el comienzo de la cual estuvo a cargo del coronel, luego ascendido a general, José Manuel Pinto.

"La guerra, sin embargo, involucraba no sólo a los guerreros y al ejército mapuche, sino también a la población civil. Se incendiaban las rucas, se capturaban y mataban mujeres y niños, se arreaba con los animales y se quemaban las sementeras. Estamos ante una de las páginas más negras de la Historia de Chile. Tanto fue así, que en Santiago se creó un clima de horror ante la barbarie del Ejército en operaciones, y el principal diario de la capital, *El Ferrocarril*, inició una campaña de moderación, la cual fue respondida por *El Mercurio,* de Valparaíso, que (al comienzo) apoyaba los hechos".[25]

José Bengoa acaba de citar una prueba suplementaria de la realidad de la guerra de exterminio: algunos diarios de Santiago, de Valparaíso, y de provincias, publicaban diariamente los partes de campaña de los mandos militares, e incluso, destacaban en el terreno sus propios reporteros.[26]

Asimismo, *La Memoria de Guerra de 1869*, del General José Manuel Pinto, contiene una gran cantidad de partes de campaña en que se relatan con lujo de detalles las depredaciones cometidas por el Ejército.

El seis de marzo de 1869, *El Meteoro*, de Los Ángeles, diario de tendencia liberal, escribía:

"Desde entonces, los proyectados arreglos pacíficos con los indígenas se convirtieron en una guerra asoladora, en una *guerra de exterminio* (subrayado en el original), que el ex Ministro Errázuriz (Federico Errázuriz Zañartu), no trepidó en aconsejar, y para remate de todo, hasta S.E. (José Joaquín Pérez) se olvidó de sus propósitos del principio y de sus promesas de amparo y protección que hizo a los caciques diputados.

"Fue un vértigo el que entonces se apoderó del gobierno y es todavía un vértigo lo que impide ver claro en esta cuestión. El general Cornelio Saavedra, por más que se trate de ocultarlo, es uno de los autores de la guerra actual con los indios... y de la aspiración de que se le tenga por el hombre del sur, el hombre de la Araucanía, una especie de Colón. Cuéntase al efecto que el general Saavedra ha sugerido con destreza a S.E. la idea de que él es el único hombre que puede ocupar militarmente la Araucanía y reducir a los indios".[27]

Este vértigo de que habla *El Meteoro*, se apoderó hasta del propio Ministro de la Guerra, Francisco Echaurren, que marchó al sur para dirigir personalmente las operaciones. En uno de sus partes de campaña fechado en el Campamento de Loncoche, al sur del río Cautín, el viernes cinco de marzo de 1869, comentaba alegremente:

"La hacienda de este territorio es muy abundante, y sin preocuparse mucho del arreo de ganado, tenemos ya reunida una cantidad de más de 500 cabezas de ganado vacuno, más de 2.000 ovejas y una buena partida de caballos".[28]

Se trataba del propio Ministro de la Guerra de Chile y de oficiales superiores del Ejército robando. La prensa nacional percibió muy pronto la gravedad y la inmoralidad de lo que estaba ocurriendo, y denunció al Ejército muy temprano por comportarse como vulgares bandidos, cazadores de cabezas y depredadores.

Por su parte, *El Mercurio*, de Valparaíso, informa a sus lectores:

"En Lluco se separó el señor Ministro de la Guerra con la División que había venido de Purén y 25 cazadores de a caballo.

"El día 22 llegó la División a Angol, trayendo 1.400 animales vacunos, 300 caballares y un poco de ganado lanar, habiendo consumido en el rancho de la tropa entre 8 y 10.000 ovejas.

"Se han incendiado como quinientas casas y una gran cantidad de sementeras de trigo y chacras pertenecientes a las tribus enemigas".[29]

El historiador Horacio Lara, que sin embargo dedica su amplia obra al general Cornelio Saavedra, un verdadero motor de la guerra, reconoce:

"La guerra que hasta cierto punto había sostenido el general Pinto, trocóse bien pronto en ofensiva, en harto ofensiva. El general Pinto llevó la guerra a las mismas reducciones de las tribus rebeldes, haciendo cruzar el territorio araucano en todas direcciones por infinitas Divisiones en hostilidad abierta, privando al enemigo de todo recurso. Fue así como se comprende que desde noviembre del 68 a mayo del 69, se hayan internado por diversos puntos hasta el corazón de la Araucanía, más de trece Divisiones, arrasando con cuanto se encontraba a su paso. El resultado de estas expediciones fue el incendio de más de dos mil casas de las tribus guerreras, la mayor parte repleta de cereales para subsistencia, la destrucción de todos sus sembrados, y por fin, numerosísimos piños de ganado arrebatados a los mismos".[30]

Es sospechosa la ausencia de muertes humanas en esta relación. Pero hay otro punto importante: a diferencia del amado modelo estadounidense, de conquista del oeste, los araucanos habían dejado atrás el nomadismo y se habían transformado en pueblos sedentarios, que no sólo criaban ganado, sino también sembraban, particularmente trigo y forraje. Todos los cronistas mencionan la prosperidad alcanzada por las tribus mapuche en La Frontera, lo que hace más inicua esta operación de despojo. Por lo demás, si nada hubieran tenido, nada habrían robado los ejércitos.

José Bengoa menciona todavía otros actos mucho más abominables, los cuales resultan penoso atribuir al Ejército de Chile:

"Relatos de esta naturaleza se encuentran profusamente en los diarios de la época. No se trataba solamente de combates desiguales en los que caían los moluches (una de las tribus más guerreras), combatiendo. La política de exterminio abarcaba a todo el pueblo, a las mujeres, y a los niños. Se los asesinaba o se los cautivaba llevándolos a los cuarteles de La Frontera. El comercio de niños y mujeres con el norte se hizo frecuente. Se vendía a los "chinitos" (sobrenombre aplicado a los niños araucanos por sus ojos rasgados), para que sirvieran de mozos en las haciendas de Chillán y los alrededores".[31]

Prosigue Bengoa:

"En el recuerdo de los actuales habitantes de la zona, queda aún la imagen terrible de esta incursión del mayor Muñoz (enviado por Cornelio Saavedra). Don Juan Loncomilla, que desciende directamente y lleva el mismo nombre y apellido del cacique Juan Loncomilla, de Leveluán o Nahuelván, señala:

"... Cuando las tropas de Muñoz llegaron a Leveluán, los mapuche, dirigidos por Juan Loncomilla, salieron a atacarlos. Defendían sus tierras porque el Ejército quería fundar un fuerte. Sus armas eran lanzas y piedras. Les respondían con pólvora. ... El estero que allí corre iba rojo de sangre. Durante varios días los cuerpos estuvieron sumergidos en él, pudriéndose, porque los soldados no dejaban acercarse a nadie".[32]

La mayor parte de los comunicados oficiales alteraba las cifras de muertos y los detalles más repugnantes de esta guerra desigual, de un Ejército regular, armado muy pronto con modernas armas de repetición

–el Ejército cambió la carabina de un tiro, *Minié*, por la carabina de repetición *Spencer*, lo que varió radicalmente la duración y el resultado de los combates–, contra sus propios connacionales, así ellos pertenecieran a una raza distinta. Sin embargo, es posible rastrear contradicciones entre los partes de campaña, dando cuenta de un mismo acontecimiento e incluso, comparar estos partes con los despachos de los corresponsales de guerra en el terreno, que alimentaban las columnas de numerosos diarios y periódicos del país, todos consultables hoy día.

"Estos son hechos: el general Pinto ha sembrado terrenos fiscales y ha ordenado el arreo de los animales indígenas y el incendio de las rucas y sementeras araucanas. Y en vez de guerra de soldados hemos tenido así, en La Frontera, guerra de pastores y de pillaje desmoralizador.

"Estos hechos son los que la opinión pública ha denunciado, y *El Ferrocarril*, al sacarlos a la publicidad para que se explicaran suficientemente, y sus autores, cualesquiera que sean, pudieran dar estrecha cuenta de sus actos para desvanecer rumores que a nadie honran, ha prestado un servicio del que mal se aprovechan los escritores de palacio".[33]

Por su parte, *El Mercurio*, de Valparaíso, exclamaba:

"Si somos civilizados, ¿cómo es posible que hagamos al araucano una guerra de salvajes?"[34]

Y de nuevo otra andanada:

"*El Ferrocarril*, abogando por lo que ha creído de justicia y por la conveniencia del país, ha sido constante enemigo de la guerra que hoy se hace a los salvajes: guerra de inhumanidad, guerra imprudente, *guerra inmoral* (subrayado en el original), que no da gloria a nuestras armas, provecho al Estado, ni prestigio a nuestro pabellón".[35]

Sobre el particular, el historiador José Bengoa explica:

"Este diario (*El Ferrocarril*), responsabiliza al general José Manuel Pinto de los hechos ocurridos, y libera de toda culpa al general Cornelio Saavedra, señalando que su política fue siempre netamente pacífica. No se trata de hacer juicios históricos improcedentes –prosigue Bengoa– pero es evidente que Pinto estaba bajo las órdenes de Saavedra y este último era responsable del plan en su conjunto. Tal como lo hemos dicho, Saavedra combinaba la violencia con la negociación, el mosto con la pólvora".[36]

Al final del primer año de la guerra de exterminio no era posible ya calcular los muertos ni el volumen de las exacciones. Algunos corresponsales de guerra y uno que otro historiador responsable de la honestidad de sus investigaciones, adelantaron cálculos. Orozimbo Barboza, general de ejército, que luego combatiría en la Guerra del Pacífico (1879), dio un parte con 600 muertos y 300 familias cautivas. Como lo afirma José Bengoa, "es difícil rehacer hoy una estadística aproximada de la barbarie de los civilizados".

La *Pacificación de la Araucanía* termina a comienzos de 1884. El proceso de exterminio se aceleró con las tropas aguerridas que habían combatido a la Confederación Peruano-boliviana, y que, no bien finalizados los combates en el norte, fueron lanzadas hacia la Araucanía. Oficiales como Cornelio Saavedra, Orozimbo Barboza, Gregorio Urrutia, Tomás Walton o Pedro Torres (el héroe de la toma del Morro de Arica), que habían comenzado sus carreras militares en La Frontera, regresaron a ella para poner punto final a la desesperada resistencia araucana.

Entonces el horror se multiplicó y la masacre siguió su curso imperturbable, haciendo ya imposible inventariar los destrozos y las muertes en la zona de guerra. Uno de los oficiales previene, incluso, que la guerra de 1870 –por comparación a la de exterminio, de 1869–, será peor. Y aún faltaban catorce años para que los araucanos fueran por fin derrotados por las matanzas, las hambrunas y la peste.

Sin embargo, cuando se habla de decenas de miles de casas incendiadas, de miles de hectáreas de siembras reducidas a cenizas, de muchos millares de cabezas de ganado robados, de combates cotidianos, de la venta de mujeres y niños, como si se tratara de esclavos, a los estancieros de Chillán y Los Ángeles, de múltiples violaciones de mujeres que luego morían estacadas por los mismos colonos que iban ocupando las tierras indias, del palomeo de indígenas, en que se les obligaba a cavar su propia tumba antes de fusilarlos, no puede menos que calcularse también en al menos una decena de miles los araucanos que el Ejército mató directamente, a los que habría que sumar muchos más entre los que huyeron refugiándose por años en los bosques para escapar a la masacre. Simultáneamente, muchísimos otros, despojados de sus bienes, murieron a consecuencia de las hambrunas generalizadas que se apoderaron de la Araucanía. Y culminando la maldición civilizadora, una epidemia de peste mató a centenares de infelices, que no contaban con medio alguno para paliar sus efectos devastadores.

Quisiera terminar citando las terribles palabras de José Bengoa, que no necesitan de ningún comentario:

“Los pueblos son grandes y sus culturas perduran, quizás en la medida en que son capaces de tomar el cielo por asalto. La grandeza surge muchas veces de la capacidad de un pueblo para realizar actos imposibles. Los araucanos sabían perfectamente que iban a perder y que la mayoría de ellos moriría en esta insurrección general. Sin embargo, el hecho tenía un sentido ritual histórico insoslayable. La independencia araucana debía morir muriendo".[37]

10. Las violaciones a la soberanía nacional en el derrocamiento del Presidente José Manuel Balmaceda

La Guerra del Pacífico (1879) dejó al descubierto una serie de carencias militares en el Ejército chileno. Fue necesario repensar su organización y entonces se llevó a cabo el proceso que ciertos estudiosos de las cuestiones militares llaman "la prusianización".

Al final de su mandato el presidente Domingo Santa María ordenó la contratación del capitán alemán Emilio Körner. Éste pisó por primera vez tierra chilena a mediados de 1885. Había nacido en Sajonia. Graduado de Bachiller en 1866, se incorporó a un regimiento de artillería y participó en la campaña de Austria. Tiempo después ingresó en la Escuela Militar de Hannover y tomó parte, como oficial, en la guerra franco-prusiana de 1870. El año en que fue contratado para venir a Chile ostentaba el grado de capitán y era Comandante de Batería y profesor de Táctica e Historia Militar en la Escuela de Artillería de Charlottemburgo. El gobierno chileno le concedió el grado de teniente coronel. Asumió como Subdirector de la Escuela Militar, instructor de Artillería y profesor de Historia Militar, Topografía y Táctica. En 1886, por instrucciones del presidente José Manuel Balmaceda, fundó la Academia de Guerra, y en ella desempeñó las Cátedras de Historia Militar y Estrategia durante todo el período del recién elegido mandatario.

Las cuestiones relativas a la Guerra Civil de 1891 no están dentro de los propósitos de este libro. Sin embargo, es indispensable que toquemos al menos dos puntos, pues ambos no sólo conciernen directamente a las Fuerzas Armadas, sino también en el sentido –según nuestra opinión– de que éstas no respetaron, en ambas ocasiones, la soberanía nacional, concepto con el que se cacarea mucho en estos tiempos. En primer lugar, Emilio Körner traicionó al Gobierno que lo empleaba, pues fue bajo la era de Balmaceda cuando desarrolló sus principales actividades formativas en Chile. En efecto, no bien estalla el conflicto, Körner se alinea con los insubordinados que buscan el derrocamiento del presidente. Es un extranjero de paso en Chile, que jamás obtuvo ni pidió la nacionalidad chilena, y que, además, lideró en esta lucha fratricida a los mismos oficiales que se le había encomendado formar (encuadrar). No hay un solo oficial chileno, hasta el día de hoy, que haya denunciado públicamente la deshonestidad de esta actitud.

Por el contrario, cuando en 1894 viajó en misión especial a Alemania, fue llamado al orden por el emperador Guillermo II, Federico Guillermo de Hohenzollern, quien, no obstante, se había mostrado feliz con el desenlace del drama de 1891. A la cita acudió acompañado por el general chileno Boonen Rivera, entonces agregado militar en Alemania. En síntesis, el emperador reprochó a Körner haber intervenido personalmente en el conflicto y, sobre todo, haber comandado las tropas insurgentes, pues su viaje a Chile era el de un simple asesor contratado para proporcionar al ejército chileno nociones modernas de organización, administración y funcionamiento y, al mismo tiempo, dotarlo de los instrumentos necesarios para permitirle desempeñarse cabalmente en sus tareas militares. Por lo tanto estuvo completamente fuera de sus prerrogativas desertar de sus funciones y aliarse con las fuerzas antibalmacedistas, participando activamente en un problema político específicamente chileno. Pero hay todavía más: en 1920 apareció en Francia un libro escrito por el general Maitrot, titulado *Francia y las repúblicas sudamericanas*, con prólogo del barón A. de Anthouard, ex Ministro Plenipotenciario francés en Brasil. Este trabajo reservado a la diplomacia llamaba la atención sobre las reducidas relaciones que mantenía Francia con las repúblicas de América del Sur, citadas en este orden: Argentina, Brasil, Uruguay, Chile, Bolivia y Perú. En el texto, y comentando la política alemana hacia Sudamérica, el general Maitrot cita otro libro, escrito y publicado en Alemania por Emilio Körner, en 1913. En él, el autor de la prusianización del Ejército chileno, el organizador de nuestra Academia de Guerra, el hombre que traicionó la confianza del presidente Balmaceda contribuyendo activamente a derrocarlo, venciendo a sus partidarios en las batallas de Concón y Placilla con gran parte de las fuerzas militares chilenas a su mando y cuyos restos, desde 1924, están enterrados en Chile, emite opiniones como éstas: "Los regimientos (chilenos) están compuestos de individuos que no tienen ni pizca de actitud para el oficio de las armas. Las palizas y el hierro en forma de esposas es lo único que puede asegurar el respeto de la disciplina. No tienen los oficiales más pundonor que los hombres de tropa: borrachos, jugadores y soldados chilenos, es lo mismo".

El segundo punto tiene que ver con una nueva violación a la soberanía nacional es el del dinero extranjero que contribuyó a financiar la Guerra Civil de 1891.

En efecto, podemos leer sin ninguna posibilidad de réplica: "Puedo mencionar como un asunto de particular interés el hecho de que la Revolución (la oligarquía insurgente y un gran contingente del Partido Militar), cuenta con la completa simpatía, y en muchos casos con el activo apoyo de los residentes ingleses en Chile. Es sabido que muchas firmas inglesas han hecho liberales contribuciones al fondo revolucionario. Entre otros, es abiertamente reconocido por los dirigentes de la guerra civil, que Mr. John Thomas North ha contribuido con la suma de cien mil libras esterlinas".[38]

El historiador Hernán Ramírez Necochea, gran especialista en el estudio de este conflicto, señala: "No se limitó a eso la colaboración de estos elementos. Se extendió a diversos planos que demostraron ser de extremada utilidad y de positivo valor para el triunfo de los rebeldes. Así, en Chile, los barcos mercantes ingleses, aparte de servir como medio de transporte de personas adictas al Congreso (insurgente), prestaban vital asistencia a las fuerzas de Iquique, aprovisionándolas de toda clase de artículos –en particular alimentos y carbón–, como lo reconoció el propio Ministro Kennedy".[39]

Comentando la recepción que el golpista Jorge Montt le ofreció en La Moneda, el Ministro Kennedy subraya: "Él me dijo que los oficiales de Su Majestad estacionados en Chile –léase militares y marinos–, habían sido sus verdaderos amigos desde el comienzo hasta el fin de la revolución y que ellos nunca dudaron de su fe en el triunfo del Congreso. El coronel del Canto, a quien fui presentado, fue extremadamente cordial en sus observaciones relativas a la abierta simpatía mostrada por los ciudadanos británicos a la causa de la oposición".[40]

Para añadir con mayor precisión en otro documento: "No hay duda que nuestros marinos de guerra y la comunidad británica de Valparaíso y de toda la costa, proporcionaron amplia ayuda material a la oposición y vulneraron en muchas ocasiones la neutralidad".[41]

Dejo a Hernán Ramírez Necochea una observación final, que debe ser evaluada como se merece, pues ella se repite invariablemente a lo largo y ancho de toda nuestra historia: "Llama la atención observar que los dirigentes de las fuerzas opositoras expresaron reiteradamente que su lucha contra Balmaceda tendía a brindar protección a los intereses británicos en Chile, es decir, ellos no ocultaron el hecho de que su agresión contra el Gobierno de la República era favorable a los capitales del imperialismo inglés. ... Los antecedentes dados a conocer –y que se han recogido en los Archivos del Ministerio de Relaciones Exteriores de Gran Bretaña– arrojan plena luz sobre la participación de los ingleses en la contienda de 1891. De ellos se desprende que en este episodio de nuestra historia también tuvieron un papel preponderante *fuerzas militares foráneas* que se sentían inquietas por el giro que la vida económica chilena adquiría bajo la Administración de Balmaceda. No puede dudarse que los elementos económicos y humanos constitutivos del imperialismo inglés, se movilizaron contra la política nacionalista que estaba en desarrollo, prestando decidido respaldo a los elementos proimperialistas de Chile."[42]

11. Una masacre bajo el gobierno de Balmaceda

Seis años después de finalizada la *Pacificación de la Araucanía,* cinco años después de la llegada de Emilio Körner a Chile, y un año antes de que el Congreso insurgente pasara a la acción y derribara al gobierno del presidente José Manuel Balmaceda, éste comenzó a perder influencia a causa de una huelga muy infortunada, muy semejante a la de octubre de 1972, que prácticamente paralizó al país. Se estima que es la primera huelga general de América Latina y sus perfiles no están claros en razón de la diversidad de opiniones de numerosos testigos.

El hecho es que Balmaceda perdió la confianza de los trabajadores "porque bajo su gobierno se reprimió a los participantes en las huelgas de 1890".[43] Estas huelgas en realidad fueron varias y se extendieron desde Arica a Concepción. Los diversos movimientos comenzaron como huelgas parciales.

"El movimiento huelguístico alcanzó su culminación en la huelga general escalonada de 1890, que comenzó en el norte y se extendió hasta Concepción. Sus motivos fueron una petición de aumento de salarios y su pago en moneda de plata en lugar de papel moneda, para contrarrestar la inflación. Los lancheros de Iquique iniciaron la huelga el dos de julio. Poco después se extendía a Tarapacá, abarcando a diez mil obreros, quienes expropiaron las pulperías y cortaron las vías del ferrocarril de Iquique para impedir la llegada de las tropas. (Esto llegó después a convertirse en una práctica inmutable, pues, con cada huelga, subían las tropas del Ejército o la Marina). El once de julio estalló el paro de Antofagasta concentrándose solamente en la ciudad más de tres mil huelguistas, quienes fueron reprimidos por el Ejército, registrándose numerosos muertos y heridos. El veintiuno de julio comenzó la huelga en Valparaíso, siendo liderados por los obreros de la Compañía Sudamericana de Vapores. El Ejército consumó una nueva masacre: doce muertos y quinientos heridos, como lo reconoce el balmacedista Julio Bañados:[44] El movimiento se extendió durante el mes de julio a Santiago, Quillota, Talca, Lota y Coronel. Los diarios usaron toda clase de epítetos contra los trabajadores, acusándolos de vándalos y ladrones y azuzando a las Fuerzas Armadas a una represión más generalizada. Según algunos autores, Balmaceda habría intentado frenar la represión".[45]

Se ha sugerido que los trabajadores nunca se enteraron si fue el gobierno quien ordenó la intervención del Ejército, o éste actuó en forma unilateral. Sabemos que se trataba de un Ejército que ganó la guerra a la Confederación Peruano-boliviana y luego "pacificó" la Araucanía. Esto le confirió, durante varios años, una cierta autonomía, acrecentada por el proceso de prusianización emprendido por Emilio Körner, quien, en la época de la masacre, tenía ya poderes exorbitantes. Lo cierto es que ellos se basaron sólo en el horror de las cifras, sin mayor investigación de lo sucedido, en la existencia de los centenares de muertos y heridos de Iquique, Antofagasta y Valparaíso y esto puede explicar también las críticas que el joven dirigente demócrata Luis Emilio Recabarren dirigió a Balmaceda. Pero es evidente que este grave conflicto debilitó considerablemente al presidente, restándole una base social que le iba a ser absolutamente necesaria el año siguiente. Trágicamente también, esta masacre, esta aplicación de los *Derechos Inhumanos del Hombre,* sería la señal de partida para una larga serie de crímenes cometidos por el Partido Militar, primero en el norte de Chile, en defensa de los capitales ingleses, españoles, chilenos y de otras nacionalidades, en el salitre, luego norteamericanos en el cobre y, finalmente, a lo largo de todo el país, cada vez que la clase dominante creyó ver amenazados de algún modo sus intereses.

Porque la situación política, e incluso institucional de Chile, cambió radicalmente luego del derrocamiento y muerte del presidente. Durante muchos años, desde 1891, Chile perdió una gran cuota de prestigio internacional, en el plano externo, y en el plano interno se vivió el desarrollo desenfrenado del capitalismo más salvaje de la América Latina. Pero también, ostensiblemente, Chile se habría de convertir por largos años en una semicolonia inglesa, antes de devenir, como lo hemos visto, en colonia militar y económica estadounidense.

Aunque los capitalistas chilenos, como de costumbre, hacían creer otra cosa. Tal cual lo escribió Eduardo Matte, con insólita arrogancia, un año después del triunfo sobre Balmaceda, en el diario *El Pueblo*, el 19 de marzo de 1892:

"Los dueños de Chile somos nosotros, los dueños del capital y del suelo. Lo demás es masa influenciable y vendible".

Segunda Parte

"El puñal fue hecho para causar la herida:
yo estoy con el puñal".

PROVERBIO ÁRABE

12. Explicación de esta sangre

"Se ha perdido tanta sangre ya en nuestra pequeña e intensa historia. Ninguno quiso nunca recogerla, todos la dejaron que corriera sola. Nadie tuvo voluntad, no, no tuvieron cabeza para recoger la sangre vertida en cada siglo, en cada tiempo, en cada presidencia, en cada política Cada vez, cada ocasión, cada acontecimiento, existió la mano mala para verter la sangre, pero nunca tuvo existencia la mano terrible para recoger, para contar esa sangre. Abro la historia de nuestro pueblo y me quedan manchadas de sangre las manos desde la primera hoja araucana. Toda la vida la dejaron que corriera, que cayera para secarse ahí mismo donde tumbó el asesinado, pero cada día de escuela, los niños de nuestra tierra, cuando abren el libro de la historia, ven que las manos hojeando la historia, les quedan empapadas. La sangre corre haciendo ondulaciones, haciendo un rumor de muchedumbre colorada por adentro del libro. Hemos sentido siempre sonar ahí la sangre, toda la sangre chilena vertida en la tierra nuestra y ella sola echada a correr entre las líneas, reunida en un gran río grueso. Es una sangre que clama al oído verdadero que quiera oírla, que corresponda con ella, que llama a gritos de sangre a la mano metida en el destino y que venga a rescatar, para trabajarla, para elaborarla.

Toda la sangre chilena vertida por el crimen se ha perdido. Ha sido ella nuestra mejor sustancia para confeccionar lo nuestro verdadero, lo de nosotros que dure.

¿Cómo han podido perderla? Toda la sangre, tanta sangre. Quiero mencionar alguna, para confirmar y gritar mi sentimiento. La sangre heroica, la novelesca, la criolla sangre de Manuel Rodríguez, hasta ahora se ha estado perdiendo, todavía corre por los campos de Tiltil, todavía corre y no se seca. No se secará hasta que alguno, piadoso de cultura, de historia de sangre, la recoja con la mano del alma para elaborar el ser. La sangre de los hermanos Carrera apresura su cauce, junta su onda a la de Manuel Rodríguez para sonar y reclamar juntas y ansiar juntas todo lo que ansiaron cuando eran vivos los cuerpos adentro de los cuales ellas corrieron: esa sangre de ellos, ya que ninguna mano la acoge, está creciendo sola, saliendo sola de la historia hacia la leyenda para escribir la leyenda. Tanta es su necesidad de estar creciendo. La sangre que creció alrededor de los Pincheira, la que circundó a Benavides, la que vertió encima de la cabeza rojiza de la Quintrala, ¿quién nunca ha querido cogerla con acto entrañable? No me olvido tampoco de la sangre de Portales, todavía moja alturas de la Cabritería esa sangre ardiente y cínica y tan macuca que anduviera en remoliendas con el ministro. La sangre de José Manuel Balmaceda, continúa, está tendida desde su cuerpo amortajado de negro en la legación argentina. Nadie nunca la quiso recoger, sólo hicieron gestos con ella, gestos de panfleto que insulta, gestos de sentido político, gestos de novelón entregado. Pienso en el norte del salitre y veo mucha sangre caída, perdida para siempre sobre la blanca sal. ¿Quién la hizo nunca sonar con voz de tierra de aquí? Ahora que está en decadencia la industria, habrá decaído la sangre, esperando mejores tiempos de sufrimientos con sangre. Pienso en las minas del carbón, del cobre, y veo perdida, escucho perdida para siempre la sangre que, siempre, que ahora mismo, sigue sonando en los crímenes y en los accidentes subterráneos. ¿A qué mano de minero, a qué cabeza quisiera ella tocar con su dedo encendido, para que la cabeza la comprenda? Pienso en el sur de Chile, con su invierno de frío crudo, con su nieve, con sus naufragios, con sus días que

oscurecen temprano, con su inmenso océano saliendo hacia la tierra, llevando olas grandes para ahogar gente y gritos de gente. Pienso aún en el Caleuche y lo veo despoblado vagando por la última agua del litoral sin ninguna mano que lo guíe, con todos sus tripulantes espantosos, hasta nosotros, hasta donde está parado Chile, en la tierra, viviendo hondo y esperando muy hondo.

Pienso en los campos de aquí y me da una pena sin sangre; la sangre campesina ha corrido junto con el vino en nuestros potreros y muchas veces corrieron y muchas veces se confundieron juntos y nadie en medio del inmenso campo nuestro recogió esa sangre, ninguno la dijo, todos la dejaron perderse. Es tanta la abundancia de sangre vertida en nuestros campos, que aun los escritores de las leyes la cogieron en la legislación protectora para ponerle valla de artículos, para echarla por cauce oficial. Aun los escritores de las leyes. Pero no los escritores –¡Nietzsche!– de la sangre, pero no los escritores-escritores. ¡Ay! hemos tenido tanto cuento campesino, tanta novela campesina, tanto poema campesino, tanto rústico de pluma en medio de la chacra. Y todos exangües. Mariano Latorre, Luis Durand, Marta Brunet, Federico Gana, Fernando Santiván, Rafael Maluenda, todos han mirado hacia el campo de nosotros, pero sólo han visto la cueca, pero no la sangre que corría del tacón de la cueca, han visto el vino, pero no la sangre que corría del borracho y que parecía que era vino, han visto al patrón enamorando a la chinita, pero no han mirado siquiera la sangre del aborto, han visto los rodeos de los animales chúcaros, aun les han hecho su rondel patriótico para mirarlos mejor, pero no han visto la doma y el rodeo del trabajador de nuestros campos. Cito nombres, me gusta citar nombres.

No es esto todo, no es toda la sangre. San Gregorio, Lago Buenos Aires, La Coruña, Ranquil, las federaciones obreras, las huelgas de Iquique, de Valparaíso, son manchas enormes de sangre, mapas de sangre en nuestra geografía que no se estudia, en nuestra historia que no se escribe, la única histo-

ria que, después, va quedando. No ha habido manos para preocuparse de ellas, ha habido para estarlas borrando, arrodilladas las manos, pero no ha habido con tinta de libro para restaurarle su rojo. Sólo el discurso político en el día electoral las coge cada año, para colgarlas cada año. Como digo, continúa la sangre en nuestra historia. Hablo aquí de la sangre determinada por el hombre, no de la sangre que determina la naturaleza. No de la sangre que vierten los terremotos, los naufragios, las tempestades, los derrumbes, el clima nuestro. No hablo de esta clase de crimen, que es bien grandiosa, bien numerosa. Ellos son el color de fondo para los otros crímenes, para la otra sangre. A veces no habrá que olvidar tampoco. Por ejemplo, el terremoto del año seis, que asesinó en Valparaíso al grande Pezoa Véliz. Ahí estuvo la tierra chilena matando a su mejor pedazo de poesía.

Me pregunto a veces por qué, a pesar de tanto crimen que encierra nuestra historia, somos un pueblo tan chico, tan chato, tan desabrido, tan salido hacia la grosería fría, tan sin alma a pesar de la tragedia, tan sin espíritu a pesar del héroe, tan sin ensueños a pesar de la leyenda. Con mucha sangre caída, ¿cómo no somos inteligentes? ¿Cuánta más tendrá que correr para que comencemos? Se piensa con lástima que no tenemos espíritu para vivir por el alma. Y se siente repetidas veces que lo tenemos muy grande, muy verdadero, diluido en sangre. Se siente con una voluntad parada en la tierra que somos un pueblo lúcido, que vamos, despacito, caminando hacia la lucidez de nosotros, y no hacia la ajena. Con tanta sangre caída de tanto asesinado grandioso, en todo tiempo criollo, no podremos nunca ser un pueblo pequeño. Con tanto muerto de nosotros algún día encontraremos nuestra vida. No tendremos sino que abrir la historia para hojear la sangre necesaria. La sangre fue siempre firme cimiento para duraderos edificios, la sangre es precioso suelo que fructifica construcciones. Se es grande cuando se tiene un muerto íntimo, bien personal, se comienza entonces a no ser estúpido. Conoce uno que uno es un ser verdadero. Siente alta su san-

gre, capaz para muchas cosas. Los crímenes determinan lo bueno. Es la utilidad de los asesinos.

Esto, quiero repetirlo otra vez, no lo escribí yo, lo escribieron los muertos, cada asesinado. Al publicar la sangre de ellos quisiera justificar las quejas que más arriba digo todas las sangres de todos los crímenes oficiales y particulares que en nuestra tierra se han vaciado, con silencio o con ruido. "[46]

13. Ficha biográfica de la muerte

La muerte tiene varios rostros pero un solo temblor. Ese temblor la reconoce y ella lo reconoce. Las circunstancias de la muerte, de cada muerte, son las que pueden mover en nosotros resortes ocultos de compasión, tristeza, ternura, odio, desprecio, desconfianza o ira.

Hay quienes mueren –la mayoría– porque el tiempo termina de ensañarse con ellos, ha finalizado su trabajo, los ha devorado pacientemente. Al fin, como un gran pez sin salvación, quedan varados entre dos sábanas o tendidos en la extensa indiferencia de la calle. Se desaparece así bajo un techo, envuelto en la ternura de los próximos o en la soledad de los más solos. O se desaparece derrumbado sobre la absoluta indiferencia del asfalto. De tales modos, absolutamente triviales, mueren el gran tribuno o el hombre desguazado por su interminable trashumancia. La cama, el jergón de paja, el cemento endurecido, cumplen así funciones similares.

Se muere también en los hospitales, cuando el asustado corazón no tolera el filo del bisturí, y el organismo entero levanta su bandera incolora para parlamentar con lo desconocido, y lo desconocido no acude al parlamento. Y asimismo en un río de plata o en un mar ceñudo o en una cordillera cuyas aguas endurecidas hacen del hombre un indefenso despojo congelado. Todas estas son las muertes pasivas, las muertes con categoría de abandono, de decir: basta, ya he vivido. Luego, toda otra forma de muerte es violenta. La del suicida, por ejemplo, que cuelga su último gajo de tristeza en la primera viga del techo. La muerte promulgada en los Códigos, que pone el pecho de los condenados frente a la boca de los fusiles, o el cuello de los imperdonables en el nudo corredizo de la horca. La puñalada artera en una esquina construida por los tangos. La brutalidad de la naturaleza que desboca los ríos, incendia los volcanes, sacude el territorio, derrumba las casas, prende fuego a las montañas, arrastra los barcos hacia el fondo de los mares, o los aviones hacia la base del espacio, que es la tierra.

Y finalmente surgen las muertes premeditadas, convocadas por motivos religiosos, por motivos políticos, por motivos xenófobos, porque el fanatismo, el odio, la ambición, la incapacidad, no encuentran una sólida mesa que domine las deliberaciones u obligue a imponer sus puntos de vista. Y es de estas muertes que recogeremos la historia mortal en la segunda parte de este trabajo.

Ahora bien: tales desapariciones cubren también una gama muy amplia, y ya no es el individuo el objetivo prioritario de estas muertes, sino razas, grupos étnicos, pueblos enteros los que penetran colectivamente en el campo de los condenados. El Imperio Incásico, por ejemplo, cuando la llegada de los españoles, contaba con cuarenta y dos millones de habitantes, y extendía sus dominios desde el sur de la actual Colombia hasta las márgenes del río Biobío, que jamás pudo franquear. Al concluir el proceso civilizador, apenas unos tres o cuatro millones de individuos conservaban la vida en ese vasto territorio. Lo mismo ocurre cuando Chile decide pacificar la Araucanía, como vimos. De unos doscientos mil individuos, desaparecieron en el proceso civilizador unos veinte mil, masacrados, ahuyentados a los bosques, víctimas de terribles hambrunas y de pestes, o desaparecidos en la Pampa Argentina, donde perecieron en una vasta operación de conquista similar, impulsada en la misma época por el gobierno transandino, llamada *Campaña del Desierto*. Con una voluntad de hierro para acabar con los ganaderos y agricultores araucanos, y tomando en cuenta que la guerra duraba ya treinta años, se hizo venir a los soldados que habían triunfado en la Guerra del Pacífico contra la Confederación peruano-boliviana, para sellar la masacre de manera irrevocable. En el desolado campo de batalla se instalaron los nuevos colonos, traídos de Alemania, de Francia, de Italia.

Otro genocidio memorable es el perpetuado contra las razas patagónicas y fueguinas. Allí tuvieron poca participación los Ejércitos regulares de Argentina y Chile, pero los bandoleros que asolaban la región contaron con el apoyo explícito de los gobiernos de ambas naciones. Allí no hubo sobrevivientes de las razas Tehuelche, Selk'nam, Qáwaskars y Yámana.[47]

A partir de allí se descartó todo rasgo de conmiseración: el advenimiento del siglo XX planteó un nuevo desafío, esta vez político: el paulatino despertar de la conciencia social, el descubrimiento, conquista y desarrollo de sus derechos por parte de los trabajadores, es decir, la clase productora de los bienes nacionales. Entonces, para frenar esta veleidad de mejorar sus condiciones de trabajo, a veces durísimas, comenzó a aplicarse la vieja receta: la utilización del Partido Militar por parte de la oligarquía salitrera, terrateniente y minera, para aplastar a sangre y fuego toda tentación proletaria de pedir mejores condiciones de vida. Esta receta cruzó el rostro de Chile como una ráfaga roja durante el siglo aquel que acabamos de vivir. Y esos hechos son los que vamos a rescatar del olvido.

14. Por qué se pelea para morir

Las violaciones a los Derechos Humanos de los trabajadores siempre comenzaron a desarrollarse por problemas de índole económica. Cuando el trabajador fue simplemente un esclavo, un esclavo patentado, aquellos que vivían del fruto de su trabajo hicieron lo posible por evitar que las ideas que recorrían Europa, en particular la idea del sindicalismo, la idea de los derechos de los trabajadores a una vivienda, a la salud, a la educación, a la cultura, al descanso, a la jubilación, a una remuneración decente, a una protección social, se filtraran en las salitreras y, a partir de allí, en todos los centros de trabajo del país: las minas de carbón de piedra del Golfo de Arauco, los trabajos de pesca a lo largo de cinco mil kilómetros de costa, la construcción, la marinería de los barcos mercantes, los trabajadores de la ciudad y del campo.

Ya en el gobierno del general José Miguel Carrera se había decretado *la libertad de vientre*, es decir, todos aquellos ciudadanos nacidos en el país, bajo cualquier condición, eran hombres libres e iguales en derecho. Sin embargo, como hemos visto, la independencia no fue producto de una revolución burguesa y en muy poco tiempo, bajo la égida de gobiernos militares autoritarios, la oligarquía se apoderó de ella. Así, los antiguos esclavos se vieron obligados a trabajar en las haciendas. Cuando se produce el auge salitrero, en la segunda mitad del siglo XIX, el campesinado se volcó al desierto. Llegaban trabajadores pletóricos de esperanza desde todos los rincones de Chile, pero se encontraron con una maldición: los dueños del salitre, chilenos, ingleses, españoles y empresarios capitalistas de otras nacionalidades, aplicaron una serie de cláusulas de siniestra memoria. Por ejemplo, la más detestable era el pago con fichas y no con dinero. De este modo, los trabajadores no podían comprar absolutamente nada fuera de la propia oficina salitrera, haciendo que el costo de su trabajo volviera a las arcas patronales, pues las pulperías les vendían desde la harina al alcohol. Observamos aquí la ignominia y el desprecio en el trato a los trabajadores, reducidos prácticamente a la condición de bestias. Si a ello se suman las condiciones mismas del trabajo, con temperaturas diurnas de treinta y cinco grados, y nocturnas de menos cinco grados, la imposibilidad de irse, pues las fichas no servían como dinero en ninguna parte que no fuera la oficina emisora, la ausencia de centros deportivos y, por ende, el alto grado de alcoholismo que registraba la Pampa, comprenderemos muy bien las razones básicas de las explosiones laborales que durante tantos años sacudieron el espacio social del desierto de Tarapacá.

A pesar de las aleccionadoras experiencias recogidas en París, durante las barricadas de 1848, por algunos intelectuales chilenos con sensibilidad social, como Francisco Bilbao y Santiago Arcos, la conciencia de sus derechos laborales sólo despertó en el proletariado chileno a partir del tercer cuarto de siglo, alrededor de 1875 en adelante.

La explotación del salitre y las actividades derivadas de él actuaron como motores del desarrollo de la conciencia social. Los barcos que procedían del extranjero y cargaban salitre en los puertos de Iquique, Antofagasta, Tocopilla, Taltal y otros traían, a su vez, folletos y libros, generalmente anarquistas, que luego subían a la Pampa salitrera en los trenes calicheros. Este es el nacimiento de las organizaciones obreras y luego de los partidos políticos chilenos. De ahí a prender la mecha de la disconformidad en el salitre hubo sólo un paso. Si bien los trabajadores habían llevado a cabo huelgas de gran envergadura, como la que debió enfrentar el presidente Balmaceda en 1890, las cuestiones discutidas allí eran estrictamente económicas. De ahora en adelante, a lo económico se sumarían las exigencias en materia social, y otras como las condiciones de trabajo. Más tarde, alrededor de los años veinte, comienzan a organizarse los campesinos y el proletariado urbano, y estas tres fuerzas –salitreros, trabajadores urbanos y campesinos–, trabajando de consuno, logran en ocasiones poner en jaque a la vieja oligarquía detentora del poder político y económico, fuertemente afianzada en el Parlamento, en los estrados judiciales, en los Bancos, en la industria, en el comercio y apoyada a ultranza por la Iglesia y las Fuerzas Armadas. Se estructura también otro gremio poderoso: la Confederación de Trabajadores Marítimos, en cuyas manos se hallaba la facultad de paralizar las exportaciones de salitre si surgía un conflicto y, por ende, paralizar al país.

Frente a este cuadro, ¿cuál fue invariablemente la reacción del aparato del Estado? Iniciar débiles y desganadas gestiones negociadoras, destinadas, más que nada, a ganar tiempo y a dar paso a provocaciones, las que a su vez acarreaban invariablemente coerciones y amenazas haciendo subir la temperatura en la mesa de discusiones. Los estamentos patronales y foráneos no cedían jamás voluntariamente un ápice en sus posiciones. Era preciso arrancar las concesiones una a una. Cada vez que el método falló, que los trabajadores se opusieron al despojo, ríos de sangre entintaron y estamparon un punto final a las demandas formuladas a través de los pliegos de peticiones.

15. Cuando los estibadores descargaron el Apocalipsis

1903. (11 al 13 de mayo): Presidente de la República: Germán Riesco; Intendente de Valparaíso: José Alberto Bravo; Comandante de las tropas: Juan Manuel Ortúzar; Comisario de Policía: Washington Salvo.

A juicio de aquellos que duermen con el gran legajo de la historia de las luchas sociales bajo la almohada, las primeras manifestaciones precisas de este despertar, de esta forma irascible de toma de conciencia, se expresan en los dramáticos días que sacudieron las calles y plazas de Valparaíso en 1903.

Escribe Julio César Jobet: "La manifestación revolucionaria inicial de la clase obrera chilena, que indica el comienzo de una lucha de clases activa, fue la huelga de los gremios marítimos de Valparaíso, el once de mayo de 1903, desatada ante la negativa de las autoridades para acceder a lo solicitado en un pliego de peticiones, especialmente un aumento de salarios".[48]

A partir de entonces, esta actitud habrá de transformarse en una constante y las huelgas aumentarán su potencia y sus efectos en la medida en que crezcan las experiencias de lucha de los trabajadores.

El movimiento se inicia en la Compañía Inglesa de Vapores y se extiende a la Compañía Naviera Alemana y a la Compañía Sudamericana de Vapores. Alcanza muy pronto, asimismo, al personal de máquinas y vapores fiscales. Unos siete mil trabajadores promueven manifestaciones en las calles. (El historiador Luis Vitale habla de diez mil). La policía intenta disolverlos empleando sus caballos, sus lanzas y sus sables, a lo que los huelguistas responden desprendiendo adoquines de las calles y arrojándolos contra las fuerzas represivas. Los acontecimientos se precipitan cuando una piedra golpea al comandante Washington Salvo, quien responde sacando su revólver y asesinando de un balazo al obrero Manuel Carvajal.

De inmediato los trabajadores interceptan los carros de la locomoción colectiva, el comercio cierra sus puertas y los estudiantes son enviados a sus hogares. La lucha se generaliza ocupando calles y plazas. En la mañana del martes doce todo el movimiento se concentra en los muelles, con el propósito de impedir la acción de los *krumiros* (trabajadores cesantes con los que los patrones reemplazaban habitualmente a los huelguistas para romper el movimiento), que se aprestaban a descargar las naves. La policía arremete una y otra vez y los manifestantes se repliegan hacia la calle Castillo. En la Plaza Echaurren, tras un violento enfrentamiento, un nuevo trabajador es muerto y dos gravemente heridos.

El Intendente José Alberto Bravo, ante la magnitud de los acontecimientos, solicita la intervención militar del Regimiento Maipo, que llega al lugar de los sucesos a las doce horas. Al mismo tiempo, cien hombres de la marinería de guerra reciben orden de desembarcar y patrullar las calles.

Promediando las catorce horas, los trabajadores organizan un mitin frente a la imprenta *El Mercurio*, para expresar su repudio ante los ataques y los airados comentarios de los periodistas, la mayor parte de los cuales estaban destinados a distorsionar las verdaderas causas de la agitación social. Desde el edificio se abre fuego contra la muchedumbre, que contesta apedreando los ventanales. Las puertas y ventanas se cierran a machote. El número de víctimas aumenta: hay dos nuevos muertos y cuatro heridos. Los restos de los asesinados son velados en el local del Partido Democrático. La reacción de los huelguistas es airada: marchan hacia los malecones e incendian el edificio de la Compañía Inglesa de Vapores, principal responsable de los hechos, puesto que con tenaz intransigencia rechaza sin preámbulos el pliego de peticiones presentado por los obreros. En éste, los trabajadores exigen una reducción de las horas de trabajo y un aumento de los salarios, además de la cancelación inmediata de los pagos atrasados. (Un trabajador ganaba por entonces, laborando doce horas, tres pesos cincuenta por día). Los patrones se limitan a exigir la vuelta al trabajo sin condiciones y amenazan con reemplazar a todos los obreros al día siguiente.

Un nuevo mitin en la Plaza Echaurren, convocado para escuchar la cuenta del movimiento a través del informe de sus dirigentes, es atacado resueltamente por la policía. Caen numerosos muertos y heridos. Hay también varios civiles, ajenos a toda acción o participación, alcanzados por las balas y las cargas de la caballería. Los guardias usan sus sables sin discriminación y muchos trabajadores reciben graves lesiones en la cabeza.

En la tarde del día doce las acciones se generalizaron. Desde los cerros bajó una muchedumbre de pobladores sin trabajo o en condiciones de extrema miseria, quienes se unieron a los huelguistas. Las acciones sumaron y siguieron por parte de ambos bandos. El número de muertos variaba de acuerdo a los intereses de la fuente que proporciona las informaciones. *El Mercurio* asegura que los muertos fueron treinta y cinco y los heridos seiscientos. Por su parte de acuerdo a esa misma fuente periodística, hay dos subcomisarios heridos, junto a ocho oficiales y treinta guardianes. El pueblo no sabe matar. Por su lado, Luis Vitale afirma que los muertos sobrepasaron los cincuenta, reprimidos ferozmente por los efectivos militares del Ejército y la Marina, a los cuales deben añadirse diez más, caídos bajo las balas disparadas desde *El Mercurio*. Agrega que la fuerza represiva tuvo más de cuarenta heridos, *lo que da una idea aproximada de la respuesta popular.*

El cronista Joaquín Edwards Bello recordaba: "Una multitud diferente de la de todos los días se descolgó de los cerros por la Plaza Sotomayor. Murieron dos individuos: una mujer, y uno de esos policías de entonces llamados pacos. Tiendas y casas cerraron puertas y ventanas. Entre los días doce y trece ardieron montones de mercaderías en los muelles. Los muertos desconocidos eran llevados a la Morgue. En la noche hubo saqueos y nuevos incendios y muertos. Al día siguiente la ciudad era un campamento. En medio de las ruinas y la humareda, se veían las carpas y armas de los soldados que habían llegado de Santiago y de Limache".[49]

En apoyo de los huelguistas se suman contingentes de panaderos, carretoneros, operarios de ferrocarriles, trabajadores de la Refinería de Viña del Mar y otros grupos de obreros portuarios que laboran en la bahía.

Al anochecer, desembarca en la Estación Bellavista el general José Manuel Ortúzar, que comanda tropa de línea enviada desde Santiago, sustituyendo de este modo el Ejército a los destacamentos policiales. Los amotinados suman ya más de diez mil. La aparición de las tropas enardece aún más los ánimos. Por la noche se registran asaltos a las casas comerciales, especialmente aquellas dedicadas a la usura, como la agencia y casa de préstamos *Los Dos Gallos*, los establecimientos de venta de alimentos de las calles Victoria e Independencia y otros situados en la Plaza Cummings. La policía sostiene que las acciones represivas comenzaron cuando los huelguistas asaltaron un tranvía y arrebataron el dinero a la cobradora. Los trabajadores indicaban por su parte, en el pliego de peticiones, que luchaban por reducir la jornada de trabajo de doce a nueve horas diarias, y que se les concediera al menos una hora para almorzar. Pedían además la cancelación de los jornales atrasados desde febrero. El Comité de Huelga estuvo encabezado por José Ramírez, el presidente del Comité de Lancheros, Flaviano Gaete, y el secretario Roberto Melville. Del Comité de Estibadores vinieron Demetrio Sepúlveda y Carlos Avilés. Por parte de los Jornaleros de Aduanas se presentó Leonardo Espinoza y en representación de los Vaporinos, Magno Espinoza. El resultado de las acciones desemboca en la organización de una Junta de Conciliación. El fallo se emite cuatro meses después. En él se establece apenas un magro aumento de los salarios y el pago de las deudas a los trabajadores debidas por las Compañías.

Retrato de un desclasado socialmente sensible

Lo común es lo contrario: que un obrero, un trabajador, un asalariado decida colaborar o actuar en contra de sus compañeros, sirviendo los intereses de las clases dominantes. Pero en todo terreno se dan las paradojas. El ex profesor de Derecho Internacional de la Escuela Naval y de la Academia de Guerra Jorge Gustavo Silva, testigo del movimiento huelguístico de 1903, nos ha dejado un insólito boceto de la aparición de otro tipo de desclasado: aquel que, perteneciendo a la pequeña, mediana o gran burguesía, abandona todas sus prerrogativas para ponerse al servicio de los desposeídos.

Fue el caso de Luis Ross Mujica, que había permanecido tiempo atrás en las filas de la Armada sirviendo como oficial y que fue exonerado del servicio por "pensar demasiado". La siguiente página fue extraída del libro *Nuestra evolución político-social*, de Jorge Gustavo Silva: "Ya hay dos bandos, el uno frente al otro, y la policía, que quiere hacerse respetar, no lo consigue sino a medias, y bien dificultosamente. –Junto a nosotros, en la calle Blanco, cae herido un transeúnte. Un quejido, un reguero de sangre, un hombre en el suelo. Ha sido una bala loca, disparada quizás en el otro extremo de la calle. Mientras se le atiende y levanta, una poblada entra por esa calle, desde la Plaza

Sotomayor hacia el poniente. Viene persiguiendo a pedradas, ella también, a un comisario de la policía que huye, tropieza, se enreda en su propio sable, cae, se levanta, vuelve a caer. Hasta que, por milagro, da con una puerta y por allí se cuela rápido y sin duda feliz del hallazgo, cerrándola tras sí. Por el lado opuesto de la misma calle avanza un piquete de marinería. Lo comanda el teniente Valverde. Otros oficiales, conocidos y amigos nuestros, lo secundan. Vienen resueltos y como emocionados al encuentro de la poblada perseguidora. A bien corta distancia, Valverde ordena a la poblada que se detenga. Se alzan en la poblada pañuelos, a modo de banderas de parlamento, y avanza Luis Ross Mujica, ex oficial de Marina, joven de inteligencia muy viva, que por "sus ideas" había debido retirarse del servicio, y que más tarde alcanzó a destacar como escritor de sociología. La tropa, entretanto, ha hecho alto y recibe orden de '¡Apunten!'. La poblada ha detenido su avance. Oigo un breve diálogo, muy seco: –No dispares, hombre, contra el pueblo– dice Ross Mujica a Valverde, alzando su pañuelo parlamentario. –No, huevón –replica Valverde–. Tengo orden de disparar y despejar la calle, y si no se retiran mandaré hacer fuego. El tono de las palabras es terminante. Ross Mujica regresa a reunirse con su grupo, el que, en efecto, abandona el campo no sin antes echar al aire unos 'vivas' a la Marina. Valverde y su gente están pálidos de responsabilidad y emoción. Las armas vuelven a su posición normal".[50]

16. Se necesita sangre con urgencia para escribir la historia

Fecha: 1905 (del 20 al 25 de octubre): Presidente de la República: Germán Riesco; Ministro del Interior: Miguel Cruchaga; Intendente de Santiago: Luis Larraín Cotapos; Prefecto de Policía: Joaquín Prieto Concha.

Contra lo que pudiera creerse, entre 1903 y 1907 no hay una página en blanco, sino otra página en rojo. En mitad de este período (1905) se registra lo que los historiadores de los combates de la clase obrera denominaron *La lucha del pueblo contra el impuesto al ganado argentino* y, al mismo tiempo, *La Semana Roja.* A pesar de su importancia intrínseca, porque durante dos días el pueblo controló Santiago, murieron muchísimos trabajadores bajo las balas militares y se registró un considerable número de heridos, estos hechos son apenas un eslabón más de la cadena represiva que parecía desatarse automáticamente ante el menor rumor social.

Cada día la convicción que mueve a los dirigentes de los trabajadores cobra conciencia lentamente en la masa de los explotados. Se sale a la calle, se lucha, se informa al pueblo de las numerosas irregularidades administrativas. Esto sigue elevando el nivel de la lucha de clases, sigue arando en profundidad en la conciencia de los asalariados, y suma, por supuesto, nuevos contingentes a los que reclaman por sus justos derechos, siempre amenazados por una plutocracia voraz, intransigente e insaciable. Es el comienzo de un siglo decisivo. Cincuenta y siete años atrás, Carlos Marx y Federico Engels han redactado el *Manifiesto Comunista*, pero los medios de comunicación, la difusión de los textos políticos, la transculturización del pensamiento predominante en las esferas de los estudios políticos y sociales, no tenían la velocidad del rayo que exhiben hoy para llegar a todos los puntos del globo y servir de orientación en las escaramuzas de la batalla ideológica.

De todos modos, crece el ímpetu de la clase obrera y el desarrollo de sus organizaciones, armas fundamentales para los combates por venir pero a su vez, la clase dominante, en lo político, en lo cultural y en lo económico, afina sus métodos de reacción y, más que nada, sella con cemento el pacto cívico-militar y utiliza a su antojo a las fuerzas armadas para llevar a cabo las tareas represivas en cualquier sector que amenace entrar en convulsión. Es decir, estos dos grupos antagónicos, enfrentados en todos los niveles de la vida y las preocupaciones nacionales, presumen que la lucha será larga y acomodan de la mejor manera posible sus recursos, tanto de tipo militar y legal, en las filas oligárquicas, como de fuerza y organización en el seno de los grupos laborales. Los únicos que no tienen derecho ni acceso a las armas, como el adversario, lo que hace de este cruento enfrentamiento una anomalía, son precisamente los que deben comenzar los combates cuando la vida se hace indescriptible e irrespirable y el ser humano está más próximo al animal que al hombre.

Durante la *Semana Roja*, considerada como la segunda insurrección popular en el curso del gobierno de Germán Riesco (1901-1906), la furia popular alcanzó niveles insospechados, sobre todo porque el gobierno se negó a derogar el impuesto a la carne argentina que importaba el país, haciendo imposible al pueblo su consumo.

Escribe Domingo Amunátegui Solar: "...Unos veinte mil hombres armados de palas y de barras de hierro, más uno que otro revólver, recorrían la extensa Avenida de las Delicias (hoy Alameda Bernardo O'Higgins), de un extremo al otro. Fueron saqueados muchos almacenes en las calles San Diego, Arturo Prat y Maestranza".[51]

Durante al menos cuarenta y ocho horas fue imposible desalojar de allí a los manifestantes. En un momento dado, éstos pretendieron ingresar al Palacio de la Moneda por la fuerza. El gobierno acudió entonces a su panacea militar: hizo venir a Santiago varios regimientos que se encontraban en maniobras en Quechereguas.

Con su vital estilo, Luis Vitale arremete: "Llegaron a mediodía del martes veinticuatro, comenzando de inmediato la matanza, que alcanzó según algunos, a doscientas personas, y según otros, a quinientas. Los heridos, escribió el periódico *El Alba*, sobrepasaron los mil quinientos."[52]

Hay un detalle importante en la lucha de 1905: la aparición en forma directa y brutal de las *Guardias Blancas*. Bajo su responsabilidad se cometieron asesinatos masivos, denunciados por los órganos de prensa de la época, y no sólo por la prensa obrera. Este es un párrafo, a guisa de ejemplo, del diario *La Ley*, en su edición del veinticinco de octubre de 1905:

"Se han producido hechos altamente odiosos a causa de la precipitación y ligereza de los jóvenes y muchachos (sic) a los cuales se les entregó anteayer armas. En muchos casos, estos jóvenes disparaban contra los grupos sin necesidad alguna, y cometieron verdaderos asesinatos. (¿Hay también asesinatos falsos?) En la calle Curicó, cerca de Vicuña Mackenna, se produjo un pequeño desorden o tumulto. Llegaron en ese momento unos cuantos jóvenes armados y, a su aproximación, se dispersó el grupo. Sólo permaneció en el lugar del suceso el dueño del despacho situado en ese punto, Rafael Pozo, vecino antiguo y conocido del barrio. Los jóvenes, con una ligereza criminal, dirigieron sus armas contra él, y a pesar de sus protestas, lo asesinaron miserablemente de un balazo en pleno corazón, que lo dejó muerto en el acto."

Por su parte, *El Mercurio*, explicaba de este modo el origen de las *Guardias Blancas*:

"Se procedió así a la formación de una guardia de orden por trescientos jóvenes de las altas clases sociales, que llegaron a alistarse para la prestación de ese servicio".

La estructura de esta banda de delincuentes era paramilitar, y sus dirigentes ostentaban grados, como un cuerpo de ejército regular. Esto era, naturalmente, ilegal, pero en la medida que colaboraban con las Fuerzas Armadas en la represión de las manifestaciones y huelgas, el gobierno cerraba los ojos y dejaba hacer. Por lo demás, las propias autoridades de gobierno ordenaron la entrega de armas a estos mozalbetes de instintos asesinos, que sembraban el terror en las calles de la capital, y que jamás dieron cuenta a nadie de sus asesinatos.

Sin embargo, otros gobernantes organizaron sus propias *Guardias Blancas*. Arturo Alessandri Palma creó las suyas para defenderse de un golpe militar que pudiera preparar su archienemigo, el coronel Carlos Ibáñez del Campo, quien, no obstante, logró derrocarlo en 1924. Las *Guardias Blancas* de Alessandri se entrenaban en el Parque Cousiño, a vista y paciencia de todo el mundo.

Tiempo más tarde, y según el mismo patrón de las anteriores, surgió en Chile *Patria y Libertad*, con mayor experiencia militar que las precedentes, y muy estrechamente ligada a la CIA. Ambas entidades, trabajando conjuntamente, son responsables del asesinato del Comandante en Jefe del Ejército, René Schneider, el tres de noviembre de 1970, poco antes que Salvador Allende, ya elegido, asumiera el gobierno. Ambas, también, asesinaron al edecán, comandante Eduardo Araya. Los dos hechos tenían como finalidad crear una situación de caos político que impidiera al Congreso ratificar la legitimidad de la elección de Allende. En todo caso, la organización y el financiamiento de *Patria y Libertad*, así como sus objetivos políticos, hay que buscarlos fuera de Chile, inmediatamente al norte del Río Grande, que constituye la última de las fronteras fijadas entre México y su vecino septentrional. (Antes hubo otras).

17. Maniobras previas para dominar el arte del asesinato colectivo

Fecha: Antofagasta, febrero de 1906; Presidente de la República: Pedro MONTT; Intendente de la Provincia: Daniel SANTELICES; Jefe de la Plaza y responsable físico de la matanza: Teniente Adolfo MIRANDA.

El presidente Pedro Montt adquirió la fea costumbre de matar trabajadores en efervescencia, desde el año 1906, con motivo de las huelgas que afectaron a los obreros de los puertos de embarque de la Pampa salitrera. La matanza de 1906 prepara sin ninguna duda el eslabón más rojo de la cadena de masacres de la historia social de Chile, esto es, la tristemente célebre matanza de la Escuela Santa María de Iquique.

En síntesis, el martes seis de febrero de 1906, a las seis de la tarde, se concentran en la Plaza Colón, de Antofagasta, unas seis mil personas. Los establecimientos comerciales están custodiadas por guardias civiles a sueldo de los patrones. Otros, por efectivos del Regimiento Esmeralda, a las órdenes del teniente Adolfo Miranda. En un intercambio de insultos entre manifestantes y guardias civiles, éstos disparan hiriendo a un soldado. El teniente Miranda, sin dilación, ordena hacer fuego contra los trabajadores, acto al que se suman los mercenarios contratados por el comercio. Cogidos entre dos fuegos, los huelguistas deben escapar como pueden, dejando en el campo numerosos muertos y heridos. (El teniente Adolfo Miranda fue nombrado más tarde Intendente de Antofagasta).

De inmediato, grupos de trabajadores se organizan en comandos e incendian, en represalia, numerosas casas comerciales del puerto.

El crucero *Blanco Encalada* se encontraba en la bahía, con sus cañones apuntando a la ciudad y destacamentos de marinería listos para desembarcar. En el

Patio Sur del Ferrocarril a Bolivia, se hallaba estacionado un escuadrón de Lanceros, de paso por Antofagasta. En la calle Simón Bolívar, desde Washington hasta Latorre, permanecía en alerta un pelotón de la Policía Montada. Y por Washington, desde Arturo Prat hasta Simón Bolívar, vigilaba un destacamento del Regimiento *Esmeralda*. Todos se hallaban allí custodiando los intereses del Ferrocarril.

En substancia, los trabajadores solicitaban un aumento de salarios y la prolongación a una hora y media del tiempo concedido para almorzar. La mayor parte de los patrones habían accedido a la demanda, no así los dueños de la empresa del Ferrocarril a Bolivia. Ante la negativa de aceptar el Pliego de (ínfimas) Peticiones, en una asamblea en el local de la Gran Unión Marítima, se acuerda ir a la huelga general. Participan los obreros y empleados del Ferrocarril, los cargadores de los muelles –estibadores–, los carpinteros de ribera, obreros y carpinteros de la construcción, gremios de carreteros y otros. Comienzan serios problemas en la ciudad al atocharse las bodegas de los muelles. Una comisión integrada el día seis por el Jefe militar de la Plaza, Adolfo Miranda, el obispo Silva Lezaeta, y el escritor Pedro Pablo Figueroa, nada consigue con los ejecutivos del Ferrocarril. El día siete la huelga es general. Durante cuatro días se combate, en lucha de guerrillas, en todas las calles de Antofagasta. Los partes oficiales señalan solamente nueve muertos, lo que seguramente está muy lejos de la realidad, dada la intensidad de los enfrentamientos y su duración. Los heridos son también numerosos. Finalmente, los trabajadores obtienen la satisfacción de su pliego, deponen la actitud combativa y vuelven al trabajo.

Sin embargo, en las esferas oficiales quedaron flotando la desconfianza y el temor ante los movimientos laborales. Para nadie era un misterio lo que ocurría al interior de Iquique y Antofagasta, esto es, en las oficinas salitreras, y estaban absolutamente al corriente de la extrema miseria de los trabajadores del salitre. La constante devaluación del peso frente a la libra esterlina, por una parte, y el constante aumento de los precios, por otra, sin que hubiera una justa compensación de los salarios por alguna otra, creaban en la pampa y entre las autoridades un clima de inquietud.

En octubre de 1907 los industriales del salitre, que operaban de común acuerdo, desencadenaron una sucia maniobra con el propósito de rebajar aún más el salario de los trabajadores: engancharon en el sur alrededor de mil hombres, y los abandonaron en las calles de Antofagasta para abaratar la mano de obra, creando una demanda artificial de trabajo. Los obreros se presentaron ante los *Independientes de Tarapacá y Antofagasta* para denunciar las hamponescas artimañas patronales. Esto ocurre el cinco de noviembre de 1907. El veinticinco del mismo mes, los obreros elevan un informe al gobierno, poniendo todos estos hechos en su conocimiento, a la vez que le señalan en detalle los problemas de subsistencia que les crean el alza del costo de la vida y la negativa de los industriales de satisfacer el Pliego de Peticiones. La inquietud social crece por momentos. Conscientes de la realidad de los planteamientos obreros, muchos empleados particulares y públicos se suman a la ola de peticiones. Como única respuesta, la prepotencia patronal lanza a la calle a los empleados y obreros de la casa *Inglés Lomax*, de Iquique. Es el veintiséis de noviembre de 1907.

18. Los inicuos fusilamientos del Almirante Gómez Carreño

Presidente de la República: Pedro MONTT; Jefe de la Plaza de Valparaíso y responsable físico de los fusilamientos: Almirante Luis GÓMEZ CARREÑO.

Alguien dijo que los sismos tienen una virtud destazadora: dejan al aire libre el hueso de las contradicciones sociales, desnudan una verdad que habitualmente encubren con vistosos ropajes las hilanderías mágicas de quienes detentan el poder. Cuando la vida llega a parecer normal, la miseria encuentra muchas formas para ocultar su desamparo. No olvidemos que en una sociedad de consumo, como la nuestra –subdesarrollada, por cierto–, el arribismo y sus prácticas son un atributo, cuando no una necesidad. Así pues, los sectores que el sociólogo americano Oscar Lewis llamó *la cultura de la pobreza,* más que con el proletariado mismo, desean ser confundidos con la gente de los estratos sociales superiores. De tal manera se da una paradoja singular: los propios pobres disfrazan su pobreza, modifican su imagen pública, sufragan electoralmente por los de arriba, ayudan consciente o inconscientemente a quienes los explotan. A los ojos del extranjero, por ejemplo, si bien no escapa el fondo real de la estratagema, aparecen reducidas las diferencias apreciables de clase. Las muchachas de las poblaciones marginales visten de acuerdo a los "dictados de la moda", introducidos al país para consumo de los ingresos altos.

Ahora bien: una emergencia social, una crisis, una catástrofe, establece con prontitud éstas y otras diferencias. El impacto golpea al comienzo parejamente, pero pronto las clases acomodadas encuentran los medios adecuados para resistir mejor, por razones obvias: relaciones, preferencias, parentescos, cofradías. La ayuda llega primero allí, en forma natural, en mayor grado y con mayor continuidad. El desarrollo del proletariado en el primer cuarto de siglo había logrado reducir estas prácticas pero, en el pasado, las poblaciones recibían sólo migajas con respecto a los barrios residenciales.

Aunque el problema puede extenderse mucho más. En los cataclismos extremos, hemos visto personalmente, sepultados en el fango, cientos de toneladas de alimentos y bebidas envasadas, mientras la población se moría de hambre y de sed, pues las autoridades les prohibían tocar aquellas mercaderías que se llevaba el mar, aduciendo que eran propiedad privada. Y la opción de los sectores que representaba la autoridad, establecía sanciones desproporcionadas para quienes contravenían las órdenes de no tocar aquellos alimentos de propiedad privada pudriéndose en las calles.

Por lo tanto, al examinar la situación de aquel Valparaíso asolado por el terremoto del dieciséis de agosto de 1906, es perfectamente lícito aplicar un mismo cartabón para denunciar las arbitrariedades que entraña una conducta irracional o, si se prefiere, un descabellado abuso de la autoridad y del poder.

El Almirante Luis Gómez Carreño fue designado Jefe Militar de la Plaza de Valparaíso durante el terremoto de 1906, y a su nombre está ligada una serie de oscuros episodios que nunca fueron dilucidados completamente.

El Almirante Gómez Carreño hizo declaraciones públicas y estableció ordenanzas que contemplaban penas extremas para los responsables de saqueos y otras tropelías que se cometieran durante la duración del estado de catástrofe. Citamos a un panegirista de la fuerza bruta de la época, que recomendaba a través de un folleto malamente impreso, la dureza en las decisiones de las autoridades civiles y militares:

"Con el fin de cumplir estas órdenes, se llevaron a efecto en la ciudad numerosos fusilamientos, triste y dolorosa experiencia, pero indispensable en aquella ocasión para reprimir los desmanes de esa chusma inconsciente, siempre dispuesta al bandolerismo y al pillaje".[53]

Piénsese que habían estallado las tuberías del agua potable, los alimentos fueron destinados a las familias que se refugiaron en el plan, y aquellas otras que vivían en los cerros quedaron absolutamente libradas a su suerte frente al cataclismo. ¡Chusma inconsciente! Acorralados en los cerros, debieron esperar durante semanas, y aun meses, que se dispusiera el auxilio proporcional a sus necesidades más primarias. Muchos jefes de familia debieron bajar al plan, acuciados por imperativos familiares que no admitían tardanzas. Pero en las calles anchas, en las plazas abiertas, estaban ubicadas "las otras familias", y era indispensable evitar que las pobladas bajando de los cerros llegaran también a refugiarse allí. A pesar de la evidencia de sus necesidades y lo inconmensurable de su desesperación, los militares, por orden de Gómez Carreño, los quintearon –uno de cada cinco–, y los fusilaron, atándolos a los árboles, e incluso a los faroles de las avenidas. Además, los dejaron allí como escarmiento para los que continuaran bajando, como una sangrienta advertencia que no admitía réplica. Los propios autores, materiales e intelectuales de estos asesinatos, se percataron de que ese tipo de justicia, aplicada así, no sólo contravenía en esencia el espíritu de la misma, sino que dejaba al descubierto monstruosos errores y criterios precipitados que fueron aplicados con una celeridad digna de mejor causa. Citamos otro párrafo –muy cauteloso esta vez– del panegirista de marras:

"En los primeros momentos, las ejecuciones fueron hechas por orden directa del jefe, que sorprendía *in fraganti* al autor, por el delito que se iba a penar, pero luego fue instituido un Tribunal Militar, cuyas funciones se limitaron a conocer en estos casos de fusilamientos".[54]

Éste parece ser un reconocimiento tácito de los excesos. Un simple examen de las fotografías –que existen en abundancia– arroja severas dudas sobre las verdaderas causas de esta medida extrema. El aspecto de los fusilados no concuerda con el de los lumpen proletarios ni con el de los delincuentes: apacibles fisonomías de campesinos u obreros son las que están allí registradas. Al pie de estas imágenes, publicadas por la prensa, se lee: "*Fusilados por ladrones*", "*Fusilados por incendiarios*". En otros casos se ejecutó a los que rompían las cañerías del agua potable para obtenerla. Se nos hace cuesta arriba creer que un trabajador pueda ser fusilado por robar agua, en una zona en la que llovió a menudo, antes, durante y después de la catástrofe, y en la que la mayor parte de los conductos de agua potable saltó en pedazos. O que un hombre fuera fusilado por incendiario en un Valparaíso que ardió durante varios días, desde la misma noche del terremoto, según consta en innumerables testimonios. Por eso pensamos que el celo de las patrullas excedió el límite de la razón, y que la verdadera causa de estos ajusticiamientos sumarios hay que buscarla en la intención manifiesta de detener el éxodo masivo de los pobladores de los cerros, en busca de la seguridad del plan, como ya dijimos.

Muchos testigos del cataclismo de 1906 aseguran también que los fusilados no fueron quince, como lo autentifica el comunicado oficial, sino muchos más. Ahí están los despachos de prensa de la época a disposición de todo el mundo. Ahí están las crónicas de Enrique Bunster, Joaquín Edwards Bello y otros. Pero nadie investigó jamás los hechos, la justicia no sumarió a nadie, el Gobierno felicitó al Jefe de la Plaza. Y una avenida de Valparaíso lleva hoy día el nombre del masacrador.

19. Venid a ver la sangre por las calles

Iquique, veintiuno de diciembre de 1907; Presidente de la República: Pedro Montt; Ministro del Interior:

Rafael SOTOMAYOR; Intendente de Tarapacá: Carlos EASTMAN; Jefe de la Plaza y autor material de la matanza: General Roberto SILVA RENARD; Jefe de las tropas: Coronel Sinforoso LEDESMA; Alcalde de Iquique: Arturo DEL RÍO; Abogado de los patrones salitreros: Antonio VIERA GALLO.

De repente comienza el primer acto del gigantesco drama: trescientos trabajadores de la Maestranza del ferrocarril salitrero declaran la huelga, "por el incumplimiento de los patrones en su compromiso de elevar sueldos y salarios". Los hechos, sin embargo, se desencadenan con relativa lentitud. Seis días más tarde, el diez de diciembre, paran los obreros de ribera de Iquique por las mismas causas anotadas anteriormente. Los industriales salitreros no acusan la menor reacción.

En Iquique permanece como Intendente subrogante, Julio Guzmán García, pues el titular, Carlos Eastman, se encuentra en Santiago, en conversaciones con el Presidente Pedro Montt y el Ministro del Interior, Rafael Sotomayor (que había hecho su aprendizaje derramando sangre obrera en los sucesos de 1903, en Valparaíso). Por lo demás, tanto Montt como Sotomayor tenían vinculaciones económicas con las empresas del salitre y lo mismo ocurría con la mayor parte de los hombres públicos de la época, que habían fortalecido enormemente su posición económica tras la caída de Balmaceda (Recuérdese el aullido de triunfo de Eduardo Matte, escrito en el periódico *El Pueblo*, en 1892: "Los dueños de Chile somos nosotros, los dueños del capital y del suelo. Lo demás es masa influenciable y vendible".)

Frente al rechazo de sus exigencias los trabajadores decretan la huelga general "y solicitan al Gobierno el envío de vapores para que puedan regresar al sur aquellos obreros traídos con engaños desde ahí y cuyas familias no estaban en el norte". Simultáneamente los trabajadores se organizan y preparan una concentración en Zapiga, el día trece de diciembre, anunciando que van al paro total. La primera Oficina paralizada es *Jaspampa* (en el departamento de Pisagua) y luego se agregan todas las demás, "*hasta las últimas Oficinas de North y South Lagunas*", de propiedad del inglés John Thomas North, uno de los financistas de las fuerzas que derrocaron a Balmaceda.

Éste es el comienzo de la marcha del hambre sobre Iquique. Caminando a lo largo de terribles jornadas junto a los rieles del ferrocarril, bajo un sol de treinta y cinco grados, la mayor parte del tiempo sin agua ni alimentos, hombres, mujeres y niños ven crecer sus columnas en los empalmes y desvíos de cada Oficina, donde otros trabajadores esperaban para sumarse a la marcha. Cada contingente lleva pequeños carteles alusivos para identificarse: *San Jorge*, se lee; *Carmen Abajo, Marusia, San Donato, San Lorenzo, Santa Lucía, La Gloria, San Agustín, La Iquique, La Perla, Maroussia, La Esmeralda.* Algunos manifestantes llevan banderas chilenas, argentinas, peruanas o bolivianas.

Los industriales planean una maniobra disuasiva: ofrecen dos pesos diarios a los trabajadores para que no abandonen las Oficinas, sin necesidad de que trabajen, mientras se busca "la solución". La solución era muy simple: "Los trabajadores habían señalado a los patrones que sus salarios en billetes chilenos, habían bajado casi a la mitad en el breve espacio de tres años, y aún mucho más, tomando en cuenta la elevación del costo de la vida. El obrero que ganaba cinco pesos al día con un cambio ya a ocho peniques, indudablemente su salario se encontraba rebajado a la mitad, y todavía más. Esta situación de explotación era reconocida ya por casi todos los trabajadores del salitre, los que solicitaron a sus patrones el cumplimiento de un convenio existente, por medio del cual, los capitalistas se obligaban a elevar los salarios cuando el cambio internacional hubiera bajado en peniques".[55]

Estas frecuentes bajas de las tasas de cambio monetarias eran el fruto de la repercusión en Chile de la crisis de 1907, una de las repetidas crisis planetarias del capitalismo a comienzos de siglo.

Como respuesta a esta maniobra patronal, los trabajadores del ferrocarril salitrero ponen en marcha un convoy desde Agua Santa, que recorre las Oficinas *Carmen, Irene, La Valparaíso, Primitiva, Tres Marías, Tránsito, Silvia, y Barcelona.* Otro convoy visita el *Cantón de Negreiros* y las Oficinas *Putunchara, Abra, Democracia Salvadora, Aurora, Progreso, Amelia, Mercedes, Dieper* y *Josefina.* Las pulperías son cerradas, para privar a los trabajadores y sus familias de alimentos y agua. El propósito es cercar la marcha por hambre, sin tomar en cuenta para nada la presencia de mujeres y niños.

"Los líderes organizaron el abastecimiento racional y disciplinaron a las gentes. Los comités de los obreros en huelga comenzaron a controlar la ciudad y a reglamentar el orden público".[56]

Según Alejandro Chelén Rojas, gran conocedor de las luchas obreras del norte (fue historiador, senador por Tarapacá, Antofagasta y Atacama, y co-director de la Editorial Quimantú), en ese momento se hallaban involucrados en la lucha *no menos de cincuenta mil trabajadores,* no todos los cuales, por supuesto, descendieron a Iquique.

Siguiendo cronológicamente el curso de los sucesos, el catorce de diciembre los contingentes en huelga reciben un nuevo apoyo: se pliegan al paro los obreros marítimos. Esa misma tarde, las primeras columnas aparecen sobre los cerros, junto a la Oficina *Santa Laura,* y descienden hasta Iquique. Alrededor de las cinco de la tarde llega un tren repleto de pampinos al puerto. Tropas de caballerías, formadas en dos hileras, los hacen marchar por una suerte de amenazante corredor flanqueado por caballos piafantes. El objeto era concentrarlos en el Club Hípico. Tienen prohibición estricta de salir de estas líneas y marchan prácticamente en calidad de detenidos.

Una nueva avalancha impresionante llega el domingo quince. Ya está completa la capacidad de albergue del Club Hípico, los Velódromos y algunos Regimientos. Hay ocho mil trabajadores en el puerto. En el Alto de San Antonio, unas ciento cincuenta mujeres que habían pagado sus pasajes en tren, son obligadas a descender a la fuerza por tropas de Carabineros, sin que les sea devuelto el valor de lo cancelado. Elementos del Ejército intentan retenerlas en la estación, lo que no consiguen. Más tarde, ellas logran incorporarse a una de las tantas columnas. La violencia y las provocaciones cuidadosamente planeadas siguen su curso.

En Pozo Almonte hay cinco mil trabajadores bloqueados para impedirles sumarse a las diversas marchas que convergen en *Santa Laura.* Otro tanto ocurre en la *Oficina Central,* donde tres mil obreros son detenidos, bala en boca, por los militares, para impedirles integrarse a la manifestación. Sólo los dirigentes sindicales burlan la vigilancia y logran bajar a Iquique e informan a los dirigentes máximos del movimiento del peligro que encierran estas provocaciones. Estos dirigentes son miembros de la *Asamblea de Salvación Obrera,* presidida por José Briggs, dirigente de la *Unión Pampina,* y Luis Olea, ambos anarquistas, el demócrata Miguel Zenteno, Aliaga Palma y otros.

El dieciséis de diciembre se unen a los huelguistas acantonados en Iquique, mil quinientos pampinos procedentes de la *Oficina Lagunas* y mil trescientos de la *Oficina Donato.*

Ya se ha constituido en Iquique el Comité de Huelga. Lo preside José Briggs y lo secundan Manuel Altamirano, José Santos Morales, Nicolás Rodríguez y Ladislao Córdova. La sede ha sido fijada en la Escuela

Santa María. Otros dirigentes de diversas oficinas asesoran en sus tareas a este comité, cuyo primer Bando, destinado a los obreros, contiene las siguientes instrucciones:

1. Asociarse a los del gremio.
2. No traicionar a sus compañeros.
3. Ser activo y consciente.
4. Concurrir a asambleas y conferencias.
5. No dejarse explotar.
6. Estudiar libros y periódicos obreros.
7. Dejar las tabernas y prostíbulos.
8. Rebelarse contra los verdugos.
9. Atraer a los indiferentes.
10. Instruir a sus hijos.

Se suceden a partir de allí las innumerables conversaciones con todos los sectores que representan los intereses patronales, especialmente con los elementos que constituyen la autoridad en nombre del Gobierno de la República. Éstos proponen un plazo de ocho días para resolver, siempre que todos se reintegren a sus labores. Los obreros en huelga aceptan. Sin embargo, comprueban que en la estación ferroviaria les esperan trenes destinados al transporte de animales, lo que es considerado por los trabajadores una nueva provocación. En consecuencia, retornan a sus posiciones, exigiendo en cambio que ellos y sus familias sean devueltos a sus provincias de origen, en el sur. El sector patronal aduce que necesita tiempo.

El criterio del gobierno de Montt, a través de los oficios de su Jefe de Gabinete, Rafael Sotomayor, queda muy claro en estos radiogramas dirigidos al intendente subrogante de la provincia:

Radiograma uno: (14 de diciembre): En todos los casos debe prestar amparo a personas y propiedades. Debe sobre toda otra consideración, primar la conveniencia manifiesta de reprimir con firmeza, sin esperar que los desórdenes tomen cuerpo. La fuerza pública debe hacerse respetar, cualquiera que sea el sacrificio que imponga.

RADIOGRAMA DOS: (16 de diciembre): Para adoptar medidas preventivas, proceda como en Estado de Sitio. Avise inmediatamente a Oficinas prohibición de que continúe bajando gente a Iquique. Despache fuerza indispensable para impedir que lleguen, usando todos los medios para conseguirlo. Fuerza pública debe hacerse respetar cueste lo que cueste. Regimiento *Esmeralda* va en camino y se alistan más tropas.

Ni una sola línea destinada a buscar la conciliación a través del diálogo, de escuchar realmente a los trabajadores, de juzgar en conciencia una situación dramática y real, frente a la cual sólo se planteaba la alternativa de la represión a sangre y fuego.

Desde Valparaíso parten los transportes Maipo y Rancagua. Y los Regimientos O'Higgins, de Copiapó, Rancagua y Atacama, de la guarnición de Tacna (por entonces ciudad chilena), son destinados a reforzar a los de Carampangue y Granaderos, de Iquique.

En la carpa circense del ciudadano peruano Juan Sobarán se realiza un mitin de solidaridad, el miércoles dieciocho, a las cuatro de la tarde. El propósito es elegir una directiva única, con representantes de la gente de mar, fábricas, talleres, y todos los Cantones de la Pampa Salitrera. Así se unieron a la directiva de Briggs, dos delegados por cada Oficina, denominándose la directiva *Comité Central Pampa e Iquique*. Se trasladan de inmediato a la Escuela Santa María y adoptan los acuerdos siguientes:

1. El *Comité Central Pampa e Iquique* considera traidor a la clase obrera a todo ciudadano que beba licor o que no denuncie los establecimientos que infrinjan esta disposición.

2. Hasta nuevo aviso, se acuerda no celebrar comicios ni manifestaciones públicas para evitar que elementos malsanos, al servicio de las salitreras y autoridades, provoquen o simulen una acción violenta que comprometa a la causa obrera.

3. Envío de una nota a todas las sociedades obreras con o sin personalidad jurídica, comunicándoles que sus presidentes quedan considerados como miembros de la asamblea. Asimismo, se elimina a los jóvenes que, por su incapacidad o escaso criterio, puedan comprometer el prestigio del movimiento.

Dos mil pampinos más llegan el diecinueve de diciembre. El mismo día, a bordo del *Zenteno*, penetra en la bahía de Iquique el Intendente en propiedad, Carlos Eastman, quien regresa a su puesto después de conferenciar en Santiago con el Ministro Sotomayor. Viene acompañado por el general Roberto Silva Renard y por el coronel Sinforoso Ledesma.

La llegada de Carlos Eastman produjo alborozo en las filas trabajadoras. Éste manifestó que comenzaría sus gestiones conferenciando con los patrones salitreros. Sin embargo, esa misma tarde expresó a los obreros que debían volver inmediatamente al trabajo, por cuanto los jerarcas locales del salitre tenían que consultar con sus jefes en Europa. Los trabajadores se opusieron, pidiendo en cambio que los problemas pendientes se solucionaran por dos meses, pensando probablemente que los que querían retornar a sus hogares, en el sur, podrían reunir el dinero suficiente para hacerlo.

El mismo criterio sostenían los trabajadores extranjeros: argentinos, bolivianos, peruanos, paraguayos, uruguayos y ecuatorianos. El intendente insistió en que la gran masa de trabajadores concentrada en Iquique representaba un peligro público y que debían retomar sus labores dejando sólo una comisión representativa. Los trabajadores rechazaron de nuevo la propuesta.

Iquique contaba a la sazón con cuarenta y dos mil habitantes, población que aumentó súbitamente a más de sesenta mil, con los pampinos en huelga. Por entonces el puerto recibía entre sesenta y ochenta buques diarios, que cargaban el salitre para llevarlo a Europa. Era una ciudad rica, con mansiones fastuosas, hipódromos, casinos, teatros de lujo, prostíbulos, restaurantes y cabarets. Lo que agregaba el elemento intranquilizador era el inusitado despliegue de barcos de guerra, cuyos cañones apuntaban amenazantes contra la ciudad. Además, el *Zenteno*, el *Chacabuco* y *La Esmeralda* tenían sus efectivos listos para desembarcar. A ello hay que agregar la enorme concentración de Regimientos: Granaderos y Carampangue, de Iquique, O'Higgins, de Copiapó, Esmeralda, de Antofagasta, Grupo de Ingenieros y Pontoneros, de Atacama, Artillería de Costa, de Valparaíso, y tropas de oficiales y Carabineros del sur.

El viernes veinte las autoridades organizan una provocación, en el mismo momento en que se reúnen con el Intendente los núcleos directivos de la huelga. Se utiliza a los Agentes de la Sección Seguridad (Investigaciones), Carabineros y delincuentes reclutados en el presidio local, quienes, arracimados frente al edificio de la Intendencia, lanzan insultos y frases hirientes contra las autoridades. Briggs eleva una protesta formal ante el propio Intendente. Eastman se limita a anunciar que está dispuesto a poner orden y que el día siguiente, veintiuno de diciembre, dispondría trenes desde temprano para que los trabajadores volvieran a la Pampa. En caso de desacato a la orden, procedería a aplicar las medidas más estrictas. En la misma reunión, el general Silva Renard se expresó a favor de los potentados salitreros, aduciendo que éstos habían tenido demasiada paciencia para parlamentar con los trabajadores, a los cuales, según su opinión remuneraban con largueza.

Los trabajadores expresaron a Carlos Eastman que su actitud lo descalificaba como mediador en el conflicto, ya que tomaba abierta posición en favor de los intereses capitalistas. Al general Roberto Silva Renard le recordaron que la nación entera vestía, alimentaba y armaba a los soldados para que defendieran las fronteras y no para que agredieran a su propio pueblo y que había trabajadores, en su gran mayoría veteranos, que combatieron en la guerra entre Perú y Bolivia y Chile, en 1879. Tanto Eastman como Silva Renard dieron por terminadas las conversaciones, advirtiendo que estaban dispuestos a resguardar el orden. El Comité Central retornó a la Escuela Santa María y acordó entenderse directamente con los patrones a través de notas escritas, para dejar constancia de las negociaciones y evitar todo tipo de provocación.

La pacífica actitud de los trabajadores exasperaba por cierto a las autoridades, decididas a buscar una oportunidad y lanzar la ofensiva como el medio más expedito para terminar con tan incómoda situación. Por lo tanto, se dio un paso más en la escalada. La Oficina *Buenaventura* estaba bloqueada por las tropas. Los mineros decidieron preparar un tren para trasladar a sus mujeres e hijos fuera del recinto, pero intempestivamente el oficial que estaba a cargo del contingente ordenó abrir fuego. Saldo: seis muertos y dos heridos a bala, entre ellos, dos mujeres. Ese mismo día, veinte de diciembre, llegaron a Iquique los cadáveres de los trabajadores y los heridos. Por primera vez los dirigentes parecieron perder el control sobre sus compañeros, enfurecidos por la cobarde matanza. Hubo rápidas movilizaciones hacia el Hipódromo, la Escuela Santa María y otros lugares de concentración, para llamar a la calma, y se recalcó que responder a una provocación de tal naturaleza era exponer a dieciocho mil trabajadores a una masacre.

Los obreros fueron sepultados por la tarde, en medio de puños alzados como rocas y rostros contraídos. La Iglesia se negó a efectuar una misa antes del sepelio, porque no hay una unidad más monolítica que la de las fuerzas de derecha, cosa que la izquierda no ha aprendido nunca. El siniestro periódico *El Tarapacá*, representante de los intereses salitreros, en su edición del veintiuno de diciembre, tuvo la impudicia de felicitar a los trabajadores por la correcta conducta observada por ellos durante los funerales.

Los hombres hicieron el trayecto en silencio, evitando las consignas, la agitación, los gritos, los intercambios de palabras en voz baja. Por supuesto, muchos ignoraban que, en pocas horas más, sus cuerpos serían arrojados, sin ninguna ceremonia, en una infinita vastedad de fosas comunes, que probablemente algunos cabizbajos paleros estaban cavando ya en alguna parte. Aún no se cerraban las fosas de los caídos en *Buenaventura* cuando el Intendente citó en su despacho a los dirigentes del movimiento. Éstos se limitaron a responder por escrito, solicitando la instauración de una comisión bipartita y aclararon en parte de la respuesta que dicha comisión "era para entendernos en lo que U.S. desee, pues lo ocurrido en Buenaventura nos confirma que las garantías para el obrero concluyeron. Agregan que sería por lo demás doloroso que las fuerzas de línea tengan que luchar fuertemente armadas contra el pueblo indefenso, como generalmente se hace, y como nos lo da a comprender claramente el Bando publicado". El Intendente contestó con palabras violentas, ordenando que los huelguistas concentrados en la Escuela Santa María se trasladaran al local del Club Sport. (Se refiere al Club Hípico o Hipódromo). La comunicación reitera que debe darse estricto cumplimiento por mediación del Jefe de la Plaza.

A partir de ese instante los acontecimientos se precipitan. Abdón Díaz, dirigente del Partido Democrático, es llamado por Carlos Eastman para solucionar el regreso a la Pampa de los trabajadores en huelga. Éstos no aceptaron. Sin embargo, estaban conscientes del peligro y decidieron solicitar la mediación del cónsul de los Estados Unidos. Éste repuso que no podía hacer nada.

A esa misma hora llegó hasta la Escuela Santa María el cónsul de Bolivia, pidiendo a sus compatriotas que abandonaran el recinto porque "iban a ser ametrallados". Los trabajadores bolivianos se negaron, manifestando que si había que morir, lo harían junto a sus compañeros chilenos. (Sólo veinticuatro años antes había concluido la guerra que libraron durante cuatro años los unos contra los otros, defendiendo los intereses imperialistas. Ahora los unía la tragedia del trabajo en la Pampa Salitrera). El cónsul argentino Ayres Jones no mostró interés alguno por su gente: era representante de la Compañía Salitrera *Aguas Blancas.* La misma actitud del cónsul argentino mostró el peruano, John Morrow, que en realidad era ciudadano inglés. Por último, el diplomático ecuatoriano acreditado, José Antonio Berizoástegui, consideró que ya se hacía demasiado tarde para intentar disuadir a los suyos, pues el Ejército se hallaba instalando sus ametralladoras.

El general Roberto Silva Renard revistó personalmente las tropas que desembarcaban, inspeccionó el armamento y luego visitó los contingentes acantonados en la Plaza Arturo Prat, exactamente como si se aprestara a entrar en combate contra un ejército enemigo regular. Allí ordenó despejar el sector con la caballería y emplazar las ametralladoras apuntando hacia la azotea, desde donde los dirigentes de la huelga arengaban a los trabajadores. La Escuela lucía banderas peruanas, bolivianas, chilenas, argentinas, uruguayas, paraguayas y ecuatorianas. Las tropas se colocaron a los costados de la plaza. Todo premeditado, todo calculado hasta en los mínimos detalles. En las paredes de la Escuela destacaban numerosos estandartes y flameaba con orgullo el pabellón de los veteranos de la guerra peruano-chileno-boliviana de 1879

Ledesma ordenó a los trabajadores que se dirigieran al Club Hípico. Éstos no aceptaron la propuesta, sospechando que iban a ser ametrallados en el trayecto, en descampado. Poco más tarde, el llamado lo formuló el propio general Silva Renard, advirtiendo que abriría fuego si no se le obedecía. A las quince cuarenta y cinco horas del veintiuno de diciembre, Silva Renard ordenó asesinar a los que se encontraban en la azotea. El fuego crepitante de las ametralladoras parpadeó en el aire de la media tarde. Cayó un grueso contingente de trabajadores, la mayor parte dirigentes, pero otros ocuparon de inmediato su lugar, sin armas, sin piedras, sólo gritando a viva voz por los obreros, el Ejército y la Marina. Mostraban a su vez el pecho en descubierto, en actitud desafiante. Los primeros muertos fueron José Briggs, un notable combatiente de tendencia anarquista, Olea, Rodríguez, Díaz, Vergara, Calderón y algunos delegados de las Oficinas Salitreras. Es decir, las ametralladoras habían decapitado la directiva general entera. Acto seguido avanzó la tropa hacia el interior de la Escuela, como en un operativo de guerra, y se produjo entonces la más cobarde acción que ejército alguno haya perpetrado contra su propio pueblo sin armas, sobre la faz de la tierra. Miles de personas –hombres, mujeres, niños, ancianos– son masacrados. Torrentes de sangre caen en las arenas del patio. Los trabajadores intentan replegarse cubriendo a sus hijos y a sus compañeras, pero están cercados por los cuatro costados y las ametralladoras continúan vomitando fuego sobre ellos.

El glorioso héroe de la jornada, general Silva Renard, en parte de su comunicado oficial dijo:

"Antes que terminara el día, ordené a las 5.45 p.m., una descarga por un piquete del Regimiento O'Higgins hacia la azotea ya mencionada, y por un piquete de marinería situado en la calle Latorre, hacia la puerta de la Escuela, donde estaban los huelguistas más rebeldes y exaltados. A esta descarga se respondió con tiros de revólveres, y aun de rifles, que hirieron a tres soldados y dos marineros, matando dos caballos de los Granaderos. Entonces ordené dos descargas más y fuego de ametralladoras... Esta es la relación exacta de los luctuosos sucesos ocurridos ayer, en los cuales han perdido sus vidas y salido heridos cerca de ciento cuarenta ciudadanos".[57]

Por su parte, el historiador y parlamentario Julio César Jobet, otro gran especialista de la historia social de Chile, escribió: "En mi ensayo crítico sobre el desarrollo económico y social de Chile he recordado el testimonio de mi padre, Armando Jobet Angevin, suboficial del Regimiento Carampangue, a quien le correspondió el primer turno de entrega de cadáveres, y recogió novecientos, calculando una cifra mayor para los otros turnos, a juzgar por lo que veía en el patio de la Escuela. *La cantidad de dos mil quinientos muertos le parecía muy ajustada a la realidad"*.[58]

Otro testimonio directo es el del escritor Nicolás Palacios, autor de *Raza chilena,* que presenció la masacre y relata que, luego de la muerte del comité de huelga, "...el fuego fue tan vivo como el de una batalla, las ametralladoras producían un ruido de trueno ensordecedor y continuado. La fusilería, entretanto, disparaba sobre el pueblo asilado en las carpas de la plaza y a los que huían desatentados del centro del 'combate'... Callaron las ametralladoras y los fusiles para dar lugar a que la infantería penetrase por las puertas laterales de la Escuela, descargando sus armas sobre los grupos de hombres y mujeres que huían en todas direcciones".[59]

Años después, el escritor y periodista Tancredo Pinochet Le Brun narraría al senador Elías Lafertte: "...Un profesor primario me mostró el patio de los caídos. –Esta tierra es nueva –me dijo–, la pusimos nosotros, con los alumnos. La otra, empapada con sangre, quemó todas las plantas y las flores. Hubo que sacar casi medio metro de tierra para que las flores y las plantas volvieran a florecer allí–".

El informe de Silva Renard, en cambio, es de una impudicia total. Afirma que solamente durante treinta segundos hizo fuego con una sola ametralladora contra los huelguistas. Y añade: "...El infrascrito lamenta este doloroso resultado, del cual son responsables únicamente agitadores, que, ambiciosos de popularidad y dominio, arrastran al pueblo a situaciones violentas, contrarias al orden social y que, por la majestad de la ley, la fuerza pública debe amparar, por severa que sea su misión".[60]

Tiempo más tarde, el general Roberto Silva Renard fue apuñalado en Santiago por el hermano de una de las víctimas. A consecuencias de la agresión, perdió un ojo y exhibió algunas cicatrices en el cuerpo por el resto de sus días. Al presidente Pedro Montt lo pasearon durante varias semanas los magnates de las Oficinas Salitreras, ofreciéndole banquetes y obsequios recordatorios.

Según Humberto Valenzuela, la matanza no terminó en Iquique: "...El gobierno ordenó la disposición de trenes para trasladar al resto de los obreros, sus mujeres y sus hijos. Eran trenes calicheros, con carros sin barandas, llamados "carros planos", en los que se cargaban los sacos de salitre. Allí fueron hacinadas las familias. Apenas el convoy salía del puerto, era esperado por las *Guardias Blancas*, integradas por hijos de familias acomodadas, quienes, parapetados detrás de los terrones de caliche, baleaban a la gente indefensa. Estas víctimas nunca fueron repertoriadas".[61]

John Lockett, representante de las compañías salitreras, al mando de los carretones recolectores de basura, fue el encargado de la macabra tarea de limpiar la plaza y la Escuela, de más de dos mil cadáveres. Diez mil obreros fueron llevados el veintidós de diciembre de regreso a las salitreras. Algunos casados y numerosas viudas se embarcaron de regreso a las tierras sureñas que abandonaron un día en busca de mejores destinos. Quinientos cuarenta y nueve peruanos sobrevivientes retornaron a su país. En los meses siguientes, miles de pampinos volvieron a sus pueblos por tierra y por mar. En el Cementerio Número Dos de Iquique, hay una placa recordatoria en la que se lee: A LA MEMORIA DE NUESTROS COMPAÑEROS FALLECIDOS. RECUERDO DE LOS OBREROS DE TARAPACÁ. NOVIEMBRE 1º DE 1911.

20. Los lentos años de la convalecencia social

Los sangrientos sucesos de Iquique, la extraordinaria ferocidad de las Fuerzas Armadas, ese odio al trabajador que nadie puede comprender pues, si bien la oficialidad es de extracción pequeñoburguesa, la tropa que dispara es netamente proletaria, inicia un período de retroceso transitorio en las luchas sociales. Se estima que esta fase de estancamiento duró al menos desde 1907 a 1910. Otros creen que pese a sobresaltos dispersos en el tiempo, va hasta 1915. Sin embargo, la Sociedad Nacional de Agricultura, en su Boletín de enero de 1908, mostraba preocupación por las huelgas de estos últimos tiempos, que renacen apenas apaciguadas, que abarcan los más variados gremios de operarios, que surgen en diversos puntos del país, que tienen todas el mismo fondo de resistencia y el mismo carácter de clase. La cuestión social existe en Chile, es un hecho evidente. Negarlo es, por una parte, cerrar los ojos a la luz, error tan inconveniente como todas las cegueras. Y equivale, por otra parte, a no preocuparse de buscar los remedios, lo que puede arrastrarnos a una lucha de clases, el peor de los cataclismos. El eminente profesor de Ciencias Políticas y Sociales de la Universidad de Pennsylvania Mr. Leo Spencer Rowe, que nos visitó recientemente, ha sintetizado en pocas palabras nuestro estado social, con rara sagacidad y exactitud. En un discurso pronunciado en la Universidad de Wisconsin, acerca de las Repúblicas sudamericanas, Mr. Rowe ha dicho: "Chile es aún, bajo muchos aspectos, una aristocracia política que entra en las primeras fases de una revolución social, provocada por el conocimiento de su poder que las clases trabajadoras comienzan a adquirir gradualmente".

Este conocimiento gradual de su poder lo puso de manifiesto la clase trabajadora con veintinueve huelgas llevadas a cabo en 1909, en las cuales participaron alrededor de doscientos mil trabajadores. La Oficina del Trabajo censó diez huelgas en 1911, de las cuales ocho terminaron con un resultado favorable a los obreros. En 1912 estallaron otras diez. La oleada de paros continuó en 1913, culminando con la huelga general de ese año en Valparaíso.

Jorge Barría, estudioso de las cuestiones sociales, recensa en su libro *Los movimientos sociales en Chile* que, desde 1916 hasta 1921, "... hubo en el país trece huelgas generales, veintinueve huelgas parciales intersectoriales, y doscientas cincuenta y nueve huelgas por gremio...", o de carácter gremial, estimando que seguramente es un número inferior al real, pues en aquella época no existían el Ministerio del Trabajo ni los sindicatos legales.

El dieciocho de septiembre de 1909 se creó la FOCH, Federación Obrera de Chile, bajo el patrocinio de la Iglesia. En el seno de esta organización se generaron diversas tendencias y de allí emergió el Partido

Obrero Socialista (POS), fundado el seis de junio de 1912 por Luis Emilio Recabarren, quien terminó por conquistar la dirección de la FOCH.

Opina Luis Vitale que "... la transformación de la FOCH en un órgano clasista se dio en un contexto de ascenso general del movimiento obrero chileno, influenciado por el triunfo de la Revolución rusa y el proceso de la Revolución mexicana, cuya repercusión sobre la vanguardia obrera latinoamericana no ha sido aún debidamente valorizada".

21. El sur también existe

Fecha: Puerto Natales, veintitrés de enero de 1919; Presidente de la República: Juan Luis SANFUENTES; Ministro de Guerra: Ladislao ERRÁZURIZ ZAÑARTU; Ministro de Justicia: Lorenzo MONTT; Gobernador de Magallanes: Alfonso BULNES CALVO.

La primera vez en el siglo XX que los trabajadores organizados tomaron el poder local por varios días, ocurrió durante los sucesos que culminaron con la toma de Puerto Natales, en enero de 1919. Los hechos comenzaron con una huelga de obreros de los Frigoríficos de la Sociedad Explotadora de Tierra del Fuego. Ésta es la versión de los hechos proporcionada por Carlos Vicuña Fuentes:

"Pronto hubo diez mil obreros en huelga, que se enfrentaron a la policía a raíz del homicidio del subdelegado de la Federación. Los administradores abandonaron el establecimiento y cerraron la Pulpería. Los obreros se vieron amenazados por el hambre. Espontáneamente se sublevaron y cometieron desmanes. Del vecino puerto de Bories –al norte de Puerto Natales, en el Seno de Otway–, les llegaron algunos refuerzos. La policía y los Carabineros recibieron a tiros a los que venían de Bories. Ya el día antes, en otra descarga, numerosos obreros habían sido heridos. Esta vez los obreros contestaron al fuego, y como su superioridad numérica era aplastante, pues toda la población allí es proletaria, Carabineros y policías huyeron despavoridos a refugiarse en sus cuarteles. Los obreros los sitiaron en ellos y lograron tomarse el de la policía. El de Carabineros, al mando del cabo Fritz, resistió denodadamente, reducido a la impotencia, pero sin entregar las armas. Los obreros quedaron dueños de la población. Como tenían numerosas bajas y serios problemas por delante, el hambre, la huelga indefinida, un incendio de vastas proporciones, que había prendido a consecuencia de los balazos, decidieron organizar una administración provisional. La Fundación Obrera (FOCH) se hizo cargo de esta difícil función".[62]

"Poco después llegaron tropas desde Punta Arenas –el Batallón Magallanes–, acompañadas por milicias de Santa Cruz (Argentina), y cuarenta soldados al mando del Comisario de Río Gallegos (Argentina), Diego Ritchie, donde había encontrado refugio el mayor Bravo, de Puerto Natales".[63]

"...Masacraron al pueblo –escribe Luis Vitale– y se ensañaron con los trabajadores..."

La toma de Puerto Natales concluyó el veintitrés de enero de 1919, tras dos semanas de escaramuzas y combates, dejando un saldo de dieciséis muertos y treinta y un heridos. Pero algo más: el robustecimiento que había adquirido la FOCH alarmó a los ganaderos de la Patagonia y la Tierra del Fuego, quienes de inmediato se organizaron en la *Liga Patriótica*, suerte de *Guardias Blancas*, es decir, organizaciones paramilitares, bajo el control de los ganaderos, que actuaban de consuno con la policía y los militares, de funesto accionar en toda la región, como veremos.

22. Que paguen los estudiantes

Fecha: veinte de septiembre de 1920; Presidente de la República: Juan Luis SANFUENTES; Ministro de Guerra: Ladislao ERRÁZURIZ LAZCANO; Ministro de Justicia: Lorenzo MONTT; Intendente de Santiago: Francisco SUBERCASEAUX ALDUNATE: Incitador al asalto desde los balcones de La Moneda: Senador Enrique ZAÑARTU PRIETO; Comandante de Carabineros: Luis GARCÍA VIDAURRE; Ministro de Corte en el *proceso de los subversivos*: José ASTORQUIZA.

En 1920 la libra esterlina se cotizaba en $ 19,59, en tanto que el dólar lo hacía en $ 5,93. Estas cifras marcaban el serio deterioro de las finanzas en el país y una inflación galopante que se agudizaría cada día más. La oligarquía en el poder no encontraba soluciones satisfactorias que la sacaran del paso, como no fuese el socorrido camino de los empréstitos internacionales. La inquietud de los trabajadores aumentaba y los estudiantes se removían peligrosamente. Entonces se inventó la famosa *guerra de don Ladislao*.

Ladislao Errázuriz Lazcano estaba a cargo del Ministerio de Guerra, y recurrió, con muy poco fogueo y menos criterio aún, al gastado expediente de agitar de un modo negativo las relaciones con el Perú, en torno a ya viejas cuestiones limítrofes. De esta manera buscaba una fórmula *milagro* para unir en un tema netamente nacionalista a la opinión pública y desviar la atención de la creciente crisis financiera.

El primer paso fue decretar la movilización general y el acuartelamiento de tropas. Se hablaba en todos los tonos de la amenaza peruana y la prensa adicta al gobierno intentaba levantar los turbios pabellones de un patrioterismo *kitch*, que no tenía ninguna razón de ser ni de desarrollarse en tales circunstancias.

Grandes corrientes de opinión en el país expresaron inmediatamente su repudio a la sucia maniobra, pues sin ningún género de duda se trataba de aquello. Una de estas corrientes estaba representada por la Federación de Estudiantes de Chile, que cayó de inmediato bajo le turbia mirada de Juan Luis Sanfuentes quien, además de poseer un carácter bochornosamente abúlico, era hombre fácil de manejar y, como si fuera poco, pasó a la historia como uno de los más insignes represores de las luchas y conquistas obrero-estudiantiles. Nunca vaciló, entre el diálogo y la matanza, por escoger la matanza, al parecer, una solución histórica muy simple para un país como el nuestro, donde la imaginación y la generosidad parecen conceptos proscritos en toda la extensión de la actividad política.

Juan Luis Sanfuentes –a quien los caricaturistas de la época llamaban *Pocas luces*– y Ladislao Errázuriz –apodado *Ladislao Errórum Est*– se propusieron silenciar a la combativa Federación de Estudiantes de Chile, que contaba en sus filas con hombres de prestigio: el notable poeta Domingo Gómez Rojas y el intelectual Roberto Meza Fuentes, entre muchos otros. Para lograr sus propósitos, dieron carta blanca a los grupúsculos fascistas, que comenzaban a tomar cuerpo en la sociedad chilena, bajo el influjo de Jorge González von Marées. Incluso autorizaron a oficiales del Ejército para que colaboraran con aquellos en las provocaciones que se fraguaban en la sombra.

La Federación de Estudiantes caracterizó *la guerra de don Ladislao* como una maniobra de baja politiquería y formuló al gobierno planteamientos aclaratorios, particularmente a través de su revista *Juventud*, dirigida por el poeta Roberto Meza Fuentes. La prensa gubernamental, haciéndose eco del pensamiento y las intenciones oficialistas, organizó un violento clima antiperuano con titulares como éstos:

El entusiasmo patriótico ante la Defensa Nacional (*El Mercurio*). Distinguidos caballeros organizan las

"*Guardias Blancas*" (*El Diario Ilustrado*). La actitud antipatriótica de la Federación de Estudiantes (*Las Ultimas Noticias*). ¡A Lima! ¡A Lima! Es la voz que se ha oído en las imponentes manifestaciones patrióticas (*Revista Zig-Zag*). Se pide la expulsión de los peruanos residentes en el territorio nacional (*El Diario Ilustrado*).

A raíz de tales ataques, la Federación de Estudiantes de Chile (FECH) emitió una declaración pública. En su acápite principal advertía:

"Los antecedentes de que disponemos relativos a la actual situación internacional, no dan base para pensar en un eventual conflicto armado. Pedimos al Gobierno, oficialmente, como Federación de Estudiantes de Chile, las razones objetivas y subjetivas que ha tomado en cuenta para movilizar al Ejército y conducir tropas hasta las fronteras del norte".

Esto ocurría el dieciocho de septiembre, día nacional de Chile. Al día siguiente, y luego el veinte, las guardias de asalto fascistas intentaron penetrar a la fuerza en el local de la FECH, cuya directiva había puesto en conocimiento de las autoridades lo que se tramaba. Éstas se limitaron a disponer dos policías de punto fijo, con instrucciones de no intervenir. El día veintiuno, una columna de *Guardias Blancas*, encabezada por dos oficiales del Ejército vestidos de civil, violaron el recinto y dispararon sobre los escasos ocupantes del inmueble, del que debieron huir por los techos para no ser asesinados. Asimismo, destruyeron libros y muebles, quemándolos en plena calle Ahumada, centro de Santiago, en cuya primera cuadra estaba situada la sede de la Federación. Los oficiales de Ejército que encabezaban la columna de asaltantes eran los capitanes Germán Ossa Prieto y Domingo Undurraga Fernández. El Senador Enrique Zañartu se encargó de arengar, desde uno de los balcones del Palacio de La Moneda, a los terroristas, antes de enviarlos a cumplir con su turbio cometido intimidatorio. "... Hay que darles una lección a los vendidos al oro peruano...", exclamó, en parte de su alocución "patriótica".

En el asalto, las fuerzas de orden no intervienen: se limitan a presenciar los hechos. Caen presos Gandulfo, Rengifo, Lafuente, Martín Bunster, Antonio Roco del Campo y muchos otros, que son vejados y torturados en los presidios y cuarteles militares. En el famoso juicio que se les siguió a los "traidores a la Patria", cae el poeta Domingo Gómez Rojas, quien enloqueció en la cárcel a causa de las bestiales torturas a que fue sometido. Fue encerrado en la *Casa de Orates* y allí murió, después de cuatro meses, a la edad de veintitrés años.

César Godoy Urrutia narra lo que sigue:

"Cuarenta mil trabajadores llevaron sus restos al Cementerio General, pero antes, su ataúd, envuelto en una bandera roja, fue paseado por todo el centro de Santiago, incluso frente a La Moneda. Sanfuentes, temblando, hizo erizar sus puertas y ventanales de ametralladoras. Los despojos de Gómez Rojas fueron despedidos desde los balcones de la FECH, por el luchador y político radical Pedro León Ugalde, quien culpó a Sanfuentes de la muerte del poeta. En el cementerio hablaron estudiantes y obreros. Repentinamente, surgió en la tribuna el joven político radical Santiago Labarca, a quien buscaba hacía meses la policía. Fustigó el crimen cometido en la persona de Gómez Rojas. La multitud impidió que las fuerzas del orden lo detuvieran, cosa que sólo lograron mucho después".

Domingo Gómez Rojas alcanzó a publicar cuatro libros fundamentales en su tiempo (eran los primeros años de Neruda): *Rebeldías líricas, La sonrisa inmóvil, Las fuentes encantadas* y *Los jardines de la muerte.* Pablo Neruda le consagró un poema famoso: *Domingo Gómez*

Rojas viene volando. En el prólogo de *Rebeldías líricas,* el poeta Andrés Sabella escribe estas hermosas palabras que, por desgracia, no sirvieron más tarde para definir su propia trayectoria política:

"Si alguna significación tiene para nosotros, los estudiantes, este compañero, es la siguiente: la de habernos abierto su vida página por página, y habernos enseñado que es menester acumular, además de la *menguada* cultura profesional, aquella que nos tonificará y nos persuadirá de la amistad leal y cierta de los obreros, amistad que comprometerá el porvenir y que facilitará el instante de *la gran libertad sobre la tierra grande."*

23. Miguel de Unamuno y el asalto a la Federación de Estudiantes de Chile

Desde Salamanca, el veintiséis de julio de 1921, el célebre filósofo y educador Miguel de Unamuno hizo llegar su protesta y adhesión en un vibrante mensaje:

"¡Orden! ¡Orden!, claman los accionistas del patriotismo, los fariseos como aquellos que hicieron crucificar a Cristo por antipatriota. Volverán sobre el principio de la autoridad para que no se vea que la civilización se asienta sobre el fin de la autoridad, y que este fin es la justicia. Ahí como aquí. Que ahí, en ese generoso y noble Chile, donde se mezclan las sangres de Pedro de Valdivia y Caupolicán –y no poca de mi sangre vasca–, ha sido una oligarquía seudoaristocracia plutocrática, que tenía su tesoro cerca del altar y al amparo del cuartel, la que ha dado origen a vuestra leyenda negra, a la leyenda del Chile imperialista y prusiánico, revolcándose en guano y salitre.

¡Y ellos hablan de patria! ¡Ésos! ¡Los accionistas del patriotismo! Para ellos, la patria es una empresa o una hipoteca de los tenedores de la deuda. Y los sin tierra son los sin patria: los que andan bajo tierra, por oscuras galerías, sin recibir jamás la luz del sol que sobre todos luce. He visto que se acusa a los estudiantes de vendidos a la plata peruana. No podían acudir a otra argucia. Es lo de todas partes. Estos accionistas del patriotismo no se explican ninguna actitud sino por el dinero, que es su único Dios.

¡Los patriotas de profesión! ¡Los profesionales de la patriotería. Los capitanes que asaltan una imprenta (se refiere a la Imprenta Numen, asaltada también por aquellos días). He leído la lista de las personas que tomaron parte en el asalto y saqueo y he visto que dicen que uno era *piloto y sportman*. Y no sé ahí, pero *sportman* quiere decir holgazán y hombre de poca o ninguna sal en la mollera. Y veo que los más de esos asaltantes eran también estudiantes. No estudiosos, claro. ¡Estudiantes de patriotería!

Conozco a esos tristes estudiantes, cachorros de la oligarquía plutocrática y accionistas del patrioterismo. Conozco a esos estudiantes. Son los mismos que hacían aquí de *policías honorarios*, para establecer el principio de autoridad, el orden, ahogando su fin, la justicia. Son los de ahora tiempos de suprema prueba y agonía y congojas del parto. Del parto de la actividad universal y humana, de la justicia entre los pueblos. El imperialismo militarista y plutocrático se resiste en sus últimas fronteras y asalta imprentas. Su odio es a la inteligencia. En sacristías y cuartos de banderas se pronuncia el mote de intelectual con un fingido desdén de dientes apretados. Con un desdén que envuelve la envidia y la rabia de la impotencia.

Con la baraja y la ruleta de entretenimientos, los reyes y accionistas del patriotismo y valientes de profesión. Aquí, al menos (España), es éste el mismo despotismo que en Europa quedaba. (Ahora hay que agregar Portugal y Grecia). Solo campeón a sus anchas el juego de azar, la pornografía más baja, la servilidad a las autoridades y los negocios turbios.

Por encima del océano, tumba de tantas esperanzas y cuna de muchas más, les tiende una mano trémula y cálida."

Miguel de Unamuno

24. El bárbaro incendio de la Federación Obrera de Magallanes

Fecha: veintiocho de julio de 1920; Presidente de la República: Juan Luis SANFUENTES; Ministro del Interior: Pedro GARCÍA DE LA HUERTA; Ministro de la Guerra: Ladislao ERRÁZURIZ LAZCANO; Gobernador de Magallanes: Alfonso BULNES CALVO; Comandante de la guarnición: General José María BARCELÓ; Prefecto de Carabineros: Coronel Aníbal PARADA; Jefe de Investigaciones: Carlos TORRES.

Tal como en el resto del país, la campaña tendiente a desatar una nueva guerra contra Perú y Bolivia (la tercera en menos de un siglo) experimentó en Punta Arenas los mismos efectos y desplegó métodos similares para imponerla o para descartarla. Aquellos que no estaban de acuerdo con las provocaciones a esos países vecinos y se negaban a participar en esas campañas "patriotas", eran acusados de vendepatrias. Pero aquí surge un nuevo elemento: el día veinticinco de julio de 1920, los propugnadores de la campaña exaltaron a los ciudadanos a cumplir con su deber. ¿Contra quién estaba dirigida esta vez la provocación? Contra la Federación Obrera de Chile (FOCH).

La FOCH de Magallanes era una de las mejor organizadas del país. Poseía un local avaluado en sesenta y siete mil pesos, tenía Biblioteca, secretaría y todo lo indispensable para mantener en actividad una asociación que contaba con miles de asociados. Además, financiaba el diario *El Trabajo.* Como ejemplo de la extraordinaria labor que realizaba, el diputado Floridor Cárdenas precisaba en la Cámara Baja:

"La FOCH se negaba a desembarcar alcoholes. Si no, quedaban otras mercaderías por descargar, lo que elevó el precio del alcohol y lo hizo menos accesible a la clase obrera".

Establecieron varios almacenes en diversos puntos de la ciudad habitados por la clase obrera. Allí se vendían nueve artículos de primera necesidad a precio de costo: papas, cebollas, harina, café, azúcar, leche, arroz, porotos y cuáquer.

Suprimieron boliches y cantinas en los alrededores de la Federación.

Colocaron controles para pesas y balanzas, poniendo pizarras en el exterior de los almacenes, anunciando los precios oficiales.

Dieron aviso a los que remitían alcoholes y licores a Punta Arenas, dándoles un plazo prudencial para suprimir los embarques.

Se formó una comisión presidida por el abogado Alejandro González Rojas, seis miembros de la Federación y otros seis por la Cámara del Trabajo. Esta Comisión tenía como credencial un carnet otorgado por el Prefecto de Policía, que le concedía facilidades para controlar pesos y el expendio de bebidas alcohólicas en los boliches.

Los gremios estudiaban para la próxima temporada de esquila los siguientes puntos:

a) Abolición de los contratistas;

b) Supresión de las horas extraordinarias para no dar lugar a cesantía; y:

c) Igual comida para todos.

Concluida la manifestación anti FOCH en Punta Arenas, los más beligerantes de todos, aquellos que formaban las ya tristemente célebres *Guardias Blancas*, hijos de terratenientes, grandes comerciantes y propietarios de empresas navieras, marcharon por las calles céntricas en una abierta provocación. También acusaban a obreros y estudiantes de recibir el *oro del Perú*.

Era aquel un día domingo y se realizaba en el local de la Federación una manifestación artística. Al ser advertidos de la movilización derechista, cerraron las puertas para evitar enfrentamientos. El grueso de los manifestantes se dirigió entonces al edificio ocupado por el diario *El Magallanes*, tratando de derribar sus puertas, lo que no consiguieron. El diario había publicado una nota en su edición del veinticuatro de julio, en la que recalcaba que "si el Gobierno del sanguinario Juan Luis Sanfuentes había ordenado una movilización militar, ello no significaba en modo alguno una declaración de guerra". (A Perú y Bolivia).

La noche del veintiséis se reunieron en el Club Magallanes las más importantes autoridades de Punta Arenas, para planificar la agresión contra la Federación Obrera. Casualmente el garzón que atendía esa noche era cuñado de Víctor Araujo, dirigente de la FOCH, por lo que advirtió a éste que algo grave estaba por venir. Los federados de la FOCH se aprestaron a tomar medidas preventivas.

"A las dos de la mañana –cuenta Guillermo Kaempfer– el obrero Custodio Vilches, que se dirigía a su domicilio, sorprendió a una veintena de Carabineros marchando en dirección de la FOCH. Los policías se desplegaron dando frente a toda la cuadra. Luego aparecieron grupos de civiles armados, que ocuparon las calles laterales y la que daba al fondo de la propiedad. En Errázuriz, esquina de Talca, había numerosos grupos de civiles. Vilches se aproximó reconociendo de inmediato al Gobernador Alfonso Bulnes

Calvo, que estaba con patillas postizas; al Prefecto Parada, de Investigaciones y al jefe de la Policía Civil, Carlos Torres. Los rodeaban civiles y militares, estos últimos vistiendo ropas de civil. Dando vuelta a la manzana, reconoció también al sub-prefecto de Investigaciones, Atilio Canales, apodado *El Huaso*".[64]

Según la versión de Vilches, se dirigía a los domicilios de los compañeros más cercanos cuando escuchó los primeros disparos.

"En el interior del local –prosigue Kaempfer– dormían numerosos obreros, los que fueron tomados por sorpresa, ya que no medió ningún aviso para que desalojaran la FOCH. Desde la sombra se disparaba contra el edificio. Los frágiles tabiques de madera dejaban cruzar fácilmente los proyectiles.

Obrero que intentaba alcanzar la calle era asesinado en el acto. Tan pronto aparecía una sombra por las puertas o las ventanas, el estampido de los disparos agujereaba la noche. Así fueron asesinados nueve obreros. Todo el tiroteo duró unos cuarenta y cinco minutos, lapso en el que se dispararon más de dos mil tiros. La población despertó llena de pánico, pero no se atrevió a abandonar sus casas, por temor a las balas, ya que nadie sabía en qué dirección se disparaba ni lo que estaba sucediendo realmente.

Desde el interior del local se intentó responder al fuego, lo que mantuvo a distancia a la heterogénea tropa de atacantes y exasperó a las autoridades. Como ignoraban el número exacto de obreros que se hallaban dentro y creyendo acabar de este modo con la Federación Obrera, decidieron incendiar el edificio. En contados minutos las llamas devoraron el local, pereciendo carbonizados un número indeterminado de trabajadores. El Cuerpo de Bomberos se vio imposibilitado de intervenir, pues Carabineros atacaba a los voluntarios que intentaban extinguir el fuego. También fue cortado el suministro de agua. La actuación decidida del Comandante de la Primera Compañía de Bomberos, Italo Contardi, permitió finalmente apagar el siniestro, puesto que éste se dirigió al Comandante Barceló y le dijo:

–Señor Comandante: o usted ordena dar el agua o yo reúno a todos mis oficiales y ante ellos me pego un tiro–."

Esa misma noche fue allanada la casa de Enrique Cifuentes, administrador del diario *El Socialista.* A tiros, él, su mujer y sus hijos fueron sacados a la calle. Más tarde, ella daba a luz en plena calzada tras ser golpeada en forma inhumana. La criatura murió. La casa fue asaltada, allanada y luego incendiada. Esta vez el trabajo de los Bomberos también fue obstruido, pero el Comandante Rolf Caesser, de la Bomba Alemana, logró imponerse y llegar hasta el local de la Imprenta.

Siguió a estos saqueos una represión brutal, que aplicaba la *Ley de fuga* a obreros detenidos y amarrados. Se aplicó asimismo una inexorable censura de prensa, para evitar que se difundieran informaciones sobre la masacre. Se detenía a los trabajadores en bares, clubes, casas particulares. En cualquier lugar de la provincia se practicaban redadas masivas.

Uno de los casos más dramáticos lo protagonizó el obrero Ulises Gallardo. El trabajador fue conducido hasta la ribera del Estrecho de Magallanes por un piquete de Carabineros.

"Me amarraron una piedra a los pies, que ya tenían preparada –contaría más tarde– . Como a cuatrocientos metros de la orilla, yendo hacia Bahía Catalina, una ola casi dio vuelta la chalupa. Entonces los Carabineros tuvieron miedo. Uno de ellos, con quien nos conocíamos, insinuó al que hacía de jefe, que me dejaran allí, a lo que éste accedió. Siempre he creído que el carabinero hizo la insinuación con el fin de que yo tuviera una probabilidad de salvarme. Grandes fueron mis esperanzas cuando pisé fondo y el agua de la resaca me dejaba descubierta la cabeza, lo que me permitía respirar cada cierto tiempo, aprovechando el vaivén de la marea. Así, me inclinaba cada vez que podía, tratando de desatar la piedra que tenía amarrada con alambre a los pies. Las ansias de vivir me permitieron mantenerme sereno hasta que estuve seguro que los Carabineros habían llegado a tierra. Entonces empecé a gritar, llamando al guardafaro. Luego vi una llama y una sombra que se acercaban: era el farero. Me sostuvo fuera del agua hasta que logré desprenderme de la piedra. Entonces él me trasladó a tierra y me ocultó por varios días. Después tuve la oportunidad de huir por mar."

El presidente Juan Luis Sanfuentes –que fue responsable de dos masacres durante sus cinco años de gobierno– se limitó a culpar a los anarquistas extranjeros que habían logrado mezclarse con los gremios.

Los obreros chilenos –dijo– cuando se organizan en gremios para mejorar su situación, lo hacen dentro de las leyes chilenas, y es mi censura que elementos extranjeros vengan a introducir en sus sociedades el espíritu revolucionario de otros países.

Pero la hipocresía gubernamental no podía permitirse la impunidad absoluta. Así, con cierta discreción, por lo menos debió abandonar su puesto, el Gobernador Alfonso Bulnes Calvo.

25. "San Gregorio": la primera de las seis matanzas de Arturo Alessandri Palma

Fecha: tres de febrero de 1921; Presidente de la República: Arturo ALESSANDRI PALMA.; Ministro del Interior: Pedro AGUIRRE CERDA; Intendente de la Provincia:

Luciano HIRIART CORVALÁN; Relaciones Exteriores: Jorge MATTE GORMAZ; Justicia e Instrucción Pública: Armando JARAMILLO; Hacienda: Daniel MARTNER; Guerra y Marina: Carlos SILVA CRUZ; Industria, Obras Públicas: Zenón TORREALBA.

Desde la mitad de enero de 1921, el frágil equilibrio de lenguaje con que se estaba discutiendo el Pliego de Peticiones de los obreros de la Oficina Salitrera *San Gregorio* se deterioraba poco a poco. En realidad las discusiones venían de más lejos, pero la terquedad con que el *Gringo* Daniel Jones, administrador de *San Gregorio,* enfrentaba los problemas de los trabajadores, hacía casi imposible el hallazgo de un término medio conciliador, que dejara satisfechas a ambas partes.

Los problemas eran económicos, como siempre, pero se había agregado otro tema a las discusiones: el monto de los desahucios.

Sorpresivamente, el tres de febrero apareció en la Oficina *San Gregorio* un destacamento armado al mando de los tenientes Argandoña y Gaínza, a los cuales se sumaron piquetes de Carabineros. No bien tuvieron noticia de esto, a través del diario *El Despertar,* obreros de distintas Oficinas, como *La Valparaíso, Eugenia, Marusia, Pepita* y otras, se trasladaron a *San Gregorio,* para prestar mano fuerte a sus compañeros, pues todos conocían el significado de tropas militares en las oficinas cuando se discutían los Pliegos de Peticiones o había vientos de huelga.

El *Gringo* Daniel Jones decidió desahuciar a los trabajadores sin pagar un cinco, aduciendo que la Oficina funcionaba a pérdida.

En la tarde del veintitrés, ya se habían concentrado en la plaza unos mil trescientos trabajadores. Alrededor de las cinco y media de la tarde, se dirigieron pacíficamente a la Administración con el propósito de parlamentar. Allí se habían estacionado las tropas. Al llegar al edificio, marchaba adelante el directorio de la huelga, luego las mujeres y los niños, y más atrás, los trabajadores. Inopinadamente, el teniente Gaínza extrajo su revólver y disparó a quemarropa contra el grupo, antes que se cruzara media palabra entre ellos. Como los obreros mostraron signos de querer repeler el cobarde ataque, el teniente Argandoña ordenó a las ametralladoras hacer fuego indiscriminado sobre la muchedumbre. Argandoña se encontraba sobre su caballo. Sorpresivamente lo alcanzó un obrero, arrancándolo de su montura y rematándolo en el suelo con un chuzo (una barra de hierro utilizada para remover los terrones de caliche). Las sucesivas descargas del Regimiento Esmeralda, de Antofagasta, generan una espantosa masacre.

Según Luis Vitale: el resultado de la tragedia fue el siguiente: "...sesenta y cinco obreros muertos, treinta y cuatro heridos, de los cuales tres murieron antes de llegar al puerto. Entre los militares, murieron el teniente Argandoña, un sargento y un cabo del Esmeralda, además del administrador de la Oficina, Daniel Jones".

Por su parte, Julio César Jobet estimaba en más de cien los muertos ametrallados y otro centenar de heridos que fueron conducidos en trenes calicheros hacia Antofagasta. *Allí, los hombres, las mujeres y los niños heridos, fueron atacados, y varios de ellos muertos, por las Guardias Blancas*, lo que puede revelar más claramente todavía la atrocidad con que el Estado de Chile sellaba la suerte de sus trabajadores, pues las *Guardias Blancas* actuaban con el pleno acuerdo del Ejército. Las autoridades de Gobierno, encabezadas por el presidente Arturo Alessandri Palma, felicitaron al Intendente de la Provincia, Luciano Hiriart Corvalán.

26. Actas de Marusia

Fecha: marzo de 1925; Junta de Gobierno integrada por: Arturo Alessandri Palma; Emilio Bello Codesido y Luis Barros Borgoño; Ministro de Guerra: Carlos Ibáñez del Campo; Ministro del Interior: Armando Jaramillo; Intendente de Antofagasta: Almirante Julio Acevedo.

Desde diciembre de 1924, los trabajadores de la Oficina Salitrera *Marusia* (no confundir con *Maroussia,* Oficina que estuvo situada al sur de Iquique, percance que parece haberle ocurrido a un columnista de *Punto Final* con motivo de la aparición de la novela)[65] se hallaban discutiendo su habitual Pliego de Peticiones. La atmósfera de la Pampa estaba todavía muy caldeada con los sucesos de *San Gregorio,* que tuvieron lugar menos de tres años antes y la Administración miraba con desconfianza a los trabajadores, temiendo que desencadenaran una ola de sabotajes u otro tipo de acciones violentas. Hacia fines de febrero de 1925, un hecho inesperado e inexplicable enturbió súbitamente la situación: un ingeniero inglés, apodado *El Domador,* pues jamás se separaba de su fusta, con la cual azotaba eventualmente a algún trabajador, apareció muerto en una callejuela de la Oficina. El informe del médico forense fue tajante: la muerte del ingeniero se debía a una aguda intoxicación alcohólica. Sin embargo, la Administración decidió utilizar el hecho providencial y culpó a un trabajador boliviano de asesinato. El hombre fue trasladado a Iquique por dos Carabineros montados pero, en realidad, terminó asesinado en plena Pampa y su cadáver no apareció jamás.

A partir de ese momento se produce uno de los hechos más importantes en la larga y sangrienta historia de las luchas de los trabajadores salitreros: deciden resistir con lo que tengan a mano la clásica subida de las tropas militares desde Iquique o Antofagasta. A la muerte del obrero boliviano, se sucede la de un Carabinero y a la del Carabinero, la de su asesino. La Oficina se divide en dos partes: el personal administrativo, los empleados menores, una parte del gremio ferroviario y los capataces y técnicos, se refugian en el sector del edificio patronal, protegidos por el piquete de Carabineros que ahora, en forma habitual, tienen un cuartel y dependencias propias al interior de las Oficinas más importantes. Del otro lado, comienzan a organizarse los trabajadores, dirigidos por el sindicalista demócrata Domingo Soto y el líder obrero Gregorio Chasqui.

Con la llegada de las tropas, al mando del coronel "prusiano" Pedro Schultz y del ex teniente Gaínza, ahora capitán, célebre por haber desencadenado la masacre de *San Gregorio*, estalla el conflicto armado: ametralladoras, fusiles y caballos, contra cargas de dinamita.

Un piquete de trabajadores voló las vías del ferrocarril calichero que subía desde Iquique, para impedir el traslado de las ametralladoras y el servicio logístico del Ejército, esta vez, tropas del Regimiento *Carampangue,* acantonadas en Iquique. La voladura de vías férreas ya había sido puesta en práctica por los obreros salitreros durante la masacre de *San Gregorio.*

Dado el caso de que *Marusia* se hallaba un tanto alejada hacia los contrafuertes cordilleranos, la gran mayoría de los historiadores de las masacres y las luchas sociales del salitre desconocen lo que sucedió realmente allí. Después que escribí *Las grandes masacres*[66], Freddy Taberna Gallegos, miembro de la "Comisión de Límites Chileno-Argentina", geógrafo y Secretario Regional del Partido Socialista de Iquique, me preguntó por qué no había incluido la matanza de Marusia en mi libro. Respondí que nunca había oído hablar de ella. Me condujo en su jeep hasta las ruinas y reconstituyó para mí la parte de la historia que él conocía, por relatos de sobrevivientes. En esa misma oportunidad, Patricio Advis, arquitecto de Iquique, me mostró una colección de fotos (tres o cuatro), en sepia, donde se ven escenas que desafían la imaginación. Por ejemplo, una de ellas muestra a centenas de trabajadores de frente a uno de los muros exteriores. En primer plano, se perciben cuatro ametralladoras. Algunos trabajadores están cayendo contra los muros, otros yacen en el suelo, y otros, aun, se desploman de espaldas con los brazos abiertos. Sobre un montículo, a la derecha de la foto, un grupo de mujeres vestidas de negro contemplan el asesinato de sus maridos. Los sobrevivientes aseguran que en ese momento, agotadas las lágrimas, ellas cacareaban como fúnebres gallinas desamparadas.

Según Freddy Taberna –fusilado tras el golpe de Augusto Pinochet y cuyo cadáver jamás ha aparecido–, los combates al interior de la Oficina duraron varios días, porque los trabajadores se habían apoderado del Polvorín (donde se almacenaba la dinamita). Utilizando la dinamita como granadas, incendiaron un cobertizo donde dormían los soldados, matando a varios de ellos. Del mismo modo derribaron la puerta principal del cuartel de Carabineros llevándose armas y municiones. Los heridos fueron reunidos en la Escuela, sobre cuya puerta se pintó una gran cruz roja, para señalar que se trataba de un hospital de campaña. Los militares la incendiaron de inmediato exterminándolos prácticamente a todos.

Durante los meses del verano de 1973 busqué en Tarapacá sobrevivientes de *Marusia*, pero no tuve la suerte de los cineastas alemanes Heynowsky y Heinemann. Ellos encontraron uno, que vivía, viejo y solitario, cerca de Pozo Almonte. En el film, el hombre, temblando por la edad y el horror del recuerdo, se pone de pie, abre con las dos manos su camisa sobre el pecho y dice:

–En Marusia estaban locos los compañeritos. Cuando ya no había nada que hacer, caminaron hacia la tropa desnudando el pecho. Iban hombres, mujeres y niños. Los militares los balearon a todos.

En un pedazo de muro que permanecía en pie –pues la Oficina fue cañoneada y luego incendiada, para que nunca más volviera a funcionar–, la FOCH colocó un letrero de homenaje a los obreros asesinados. Hasta hoy es imposible conocer el número exacto de los que murieron allí. Pero queda en pie un hecho magnífico: por primera vez, los trabajadores pampinos se negaron a dejarse degollar como corderos, y lucharon hasta el último aliento contra los soldados, que usaban para matarlos las armas que el propio pueblo de Chile les entregó para su protección.

27. Continúa extendiéndose la ola de "Alessangre"

Fecha: cinco de junio de 1925; Presidente de la República: Arturo Alessandri Palma; Ministro de Guerra: Carlos Ibáñez del Campo; Ministro del Interior: Armando Jaramillo; Intendente de Antofagasta: Almirante Julio Acevedo.

Apenas dos meses después, Arturo Alessandri Palma vuelve a las andadas y a las andanadas, despidiéndose provisoriamente con otra masacre, esta vez en *La Coruña,* oficina tarapaqueña. Como los empresarios no cumplían con los tratados ya suscritos, los trabajadores de *La Coruña* decidieron ir a la huelga. El patronato se negaba a abolir las infames "fichas-salario" y los "vales", y no querían escuchar hablar de una reducción de las horas de trabajo, que los obreros querían fijar en ocho. Como estos problemas concernían a todos, ciento treinta oficinas se plegaron al paro, lo que significaba lisa y llanamente la paralización de las exportaciones de salitre. Los huelguistas, dirigidos por el sindicalista Carlos Garrido, decidieron establecer su cuartel general en la destruida Oficina *San Gregorio*, creando Comités especializados que ordenaran el desarrollo de la huelga.

El periódico *El Arrendatario*, en su número del seis de junio de 1925, relata con muchos detalles los sucesos:

"Desde mediados del mes de mayo estaban llegando fuerzas de línea a Tarapacá y Antofagasta (las dos provincias más septentrionales de Chile). Estas maquinaciones provocaron una huelga de veinticuatro horas en las Oficinas *La Coruña, Argentina, Barrenechea, San Enrique* y otras. Las fuerzas represivas comenzaron a disparar. Como resultado de estas refriegas, los partes del Gobierno dijeron primero que sólo hubo treinta muertos, pero después, el General De la Guardia manifestó que había encontrado cincuenta y nueve. Un testigo presencial dice que no deben bajar de dos mil los que perecieron en esta masacre. En algunas Oficinas como *Marusia, Constancia* y *Santiago*, donde los obreros no se sublevaron, fueron acusados de ser propagandistas de ideas avanzadas y asesinados cobardemente"

Esta masacre fue ejecutada bajo las órdenes del Comandante Ascasio Rodríguez, quien, de paso, inventó el "*palomeo de rotos*": se obligaba a los sobrevivientes a excavar su propia tumba, y luego los fusilaban. El cuerpo daba una voltereta en el aire cayendo dentro de la fosa.

"El dirigente Carlos Garrido fue fusilado. El sindicalista Ruperto Barahona, del Consejo Nacional Nº 6, fue amarrado a un poste telefónico y atravesado con bayonetas. Más de quinientos presos fueron torturados en el Velódromo de Iquique".[67]

28. La Revolución de la Escuadra

Fecha: uno al siete de septiembre de 1931; Preside el país una Junta de Gobierno integrada por Pedro OPAZO LETELIER, Juan Esteban MONTERO y Manuel TRUCCO; Ministro de Guerra: Carlos MONTERO VERGARA; Delegado del Gobierno ante la Escuadra amotinada: Almirante: Edgardo VON SCHROEDERS; Ministro de Hacienda: Pedro BLANQUIER; Ministro de Marina: Contralmirante Calixto ROGERS; Ministro de Relaciones Exteriores: Luis IZQUIERDO.

Como consecuencia de un vacío de poder provocado por sucesivos pronunciamientos castrenses entre 1925 y 1931: el golpe militar del cinco de septiembre de 1924, el golpe militar del veintitrés de enero de 1925, el breve retorno al poder de Arturo Alessandri Palma, la caída de Alessandri y el ascenso de Ibáñez el derrocamiento de Ibáñez ocasionado por un pronunciamiento de jóvenes militares, el efímero gobierno de Juan Esteban Montero, los cien días de Carlos Dávila, la instauración de la Junta Opazo Letelier, Montero y Trucco, dejaron al país un saldo de al menos doscientos sesenta mil cesantes y el erario nacional completamente anémico. La inquietud económica de los trabajadores alcanzó también a los militares, por el mismo motivo. Al frente del país quedó Manuel Trucco, cuyo Ministro de Hacienda, Pedro Blanquier, pretendió promulgar medidas anticrisis, entre las cuales figuraban la reducción en un treinta por ciento de los sueldos del sector público y de un diez por ciento a los de las Fuerzas Armadas. En ese contexto se produce el llamado por algunos *Motín de los marineros*, por otros, *La rebelión de la Marina* y también conocido como *La revolución de la Escuadra.*

Hasta aquí, en toda la vida institucional chilena el poder de opinión lo tenían los oficiales de las tres ramas de las Fuerzas Armadas. Podían dar golpes de Estado, intimidar a los civiles, derrocar gobiernos democráticos, originar dictaduras castrenses. Esta vez, los marineros de las naves de guerra tomaron la palabra. El primero de septiembre de 1931, cinco mil hombres ocupando veintitrés barcos de guerra desembarcaron a los oficiales y al mando de sus suboficiales se llevaron la Armada al puerto de Coquimbo. De inmediato, el resto de la escuadra, anclada en el Puerto Militar de Talcahuano, se plegó a los amotinados. Éstos estaban dirigidos por el suboficial Ernesto González Brion, el cabo Manuel Astica Fuentes y el marinero Augusto Zagal Anabalón. Simultáneamente, el gobierno de Manuel Trucco fue informado que la rebelión cundía en algunas comisarías de Carabineros y, sobre todo, en el Regimiento Maipo, de Valparaíso. Fue necesaria la intervención de la Escuela de Infantería de San Bernardo para sofocar el fuego.

A pesar de que los insurrectos declararon que su movimiento era apolítico, solicitaron el apoyo de las organizaciones obreras.

Desde el primer momento el Gobierno intentó contrarrestar el motín apoyándose en la Aviación. Secretamente se prepararon pistas de aterrizaje de emergencia en las alturas de Coquimbo para atacar desde allí a los barcos.

Uno de los primeros comunicados de los marineros, firmado por González Brion, manifestaba que:

"La Marinería daba un plazo de cuarenta y ocho horas para la derogación del decreto que rebajaba los sueldos. Asimismo exigía la aplicación de un empréstito forzoso a la burguesía y la expansión de los trabajos de Obras Públicas para absorber la cesantía".[68]

El primero de septiembre, poco antes de la medianoche, se recibió el segundo radiograma, denominado "*Lo que necesitan las tripulaciones de la Armada*", el que produjo honda ansiedad por su contenido, ajeno al problema económico específico de los marineros:

"Recursos para el pueblo. Hasta la fecha, el actual Gobierno se ha limitado a efectuar economías reduciendo sueldos y suprimiendo empleos y puestos públicos, pero no se ha visto aún una medida que demuestre el interés de los financistas. Sugerimos las siguientes ideas:

1. Calcular un tiempo prudencial para suspender el pago de la Deuda Externa, bajo el punto exclusivo que dentro de ese plazo se restablezca el orden financiero interno del país;

2. Subdividir las tierras productoras persiguiendo el fin de que haya el mayor número de productores y propietarios nacionales (Reforma Agraria);

3. Que las Cajas de Crédito, las Agencias Fiscales, la Mutual de la Armada y del Ejército, reúnan entre todas un capital de trescientos millones de pesos o más, para invertirlos en industrias productivas, en las cuales se dé trabajo al mayor número de obreros sin ocupación. Se pueden indicar, entre otras, la construcción de casas para obreros y la ampliación de fábricas;

4. Para evitar la importación innecesaria de artículos extranjeros, hacer un llamado patriótico a todos los millonarios chilenos para que suministren, en carácter de préstamo, los fondos que puedan al Gobierno, para que éste organice industrias y proporcione así trabajo a los obreros desocupados;

5. Gravar con un mayor impuesto los terrenos no cultivados, en proporción al número de hectáreas.

6. Hacer regresar al país los capitales que han sido sacados estos últimos tiempos, para hacerlos trabajar en Chile".[69]

Ésta es sólo una parte de las peticiones planteadas por el "Estado Mayor de las Tripulaciones", pero un simple examen revela que se trataba de candentes problemas políticos y no de un simple Pliego de Peticiones. El Gobierno envió a Coquimbo al Almirante Edgardo von Schroeders para iniciar los parlamentos con los amotinados.

Cabo Manuel Astica: –Ahora está claro que el Almirante von Schroeders llevó al norte dos misiones: la primera de ellas, parlamentar con nosotros, para conocer nuestras posiciones y fingir que el Gobierno estaba dispuesto a encontrar las soluciones que reclamábamos. La segunda, fue una misión secreta muy bien cumplida: estirar estas conversaciones el mayor tiempo posible, a fin de preparar la Aviación en sus incursiones contra la Escuadra y concentrar Regimientos en la zona de Concepción para atacar a nuestros compañeros en el Apostadero Naval de Talcahuano.[70]

Para calmar las aprensiones de los marineros y la ira nacional desatada contra el Ministro de Hacienda, Pedro Blanquier, el Vicepresidente de la República, Manuel Trucco (en realidad Presidente provisorio tras la renuncia del resto de la Junta), decidió reemplazarlo por Arturo Prat Carvajal, hijo del héroe de Iquique, medida ciertamente demagógica tratándose de marinos.

En tales momentos llega un radiograma del Apostadero Naval de Talcahuano dirigido al "Estado Mayor de las Tripulaciones":

"En presencia de la actual situación y considerando que somos directamente afectados, venimos a manifestar a ustedes que hemos resuelto adherirnos incondicionalmente al movimiento del personal de la Escuadra fondeada en este momento en la bahía de Coquimbo. Y formulamos las siguientes peticiones:

1. Castigo inmediato y confiscación de sus bienes a quienes llevaron a la bancarrota al país;
2. División de la tierra;
3. Solidaridad de las industrias;

4. La enorme deuda que gravita sobre el país debe ser cancelada por todos los chilenos. Por consiguiente, los millonarios chilenos aportarán un tanto de sus riquezas. El Parlamento dictará una ley sobre el particular;

5. Cerrar por el término de cinco años las Escuelas Navales y Militares, y demás escuelas que son innecesarias;

6. Derecho de asociación de las Fuerzas Armadas en general;

7. Reincorporación al servicio de obreros del Arsenal, de los que fueron exonerados;

8. Que el personal provisorio vuelva a gozar de los mismos beneficios que tenía el personal de Planta;

9. Considerando que este movimiento representa las aspiraciones del proletariado en general, los simpatizantes apelan al elevado criterio de los jefes y la superior consideración del país para que en ningún caso se tomen represalias."

Es en este momento en que el Gobierno comprende que se enfrenta a un movimiento social de vastas proporciones. Tan vastas, que uno de los Comandantes navales presentes en una reunión, advierte:

"Consideren, señores, que un solo cañonazo del Acorazado *Almirante Latorre* puede volar entero un Regimiento".

Las conversaciones fueron rotas el cuatro de septiembre, luego de que el Gobierno no aceptó ninguna de las actas propuestas por los marineros. Era evidente que La Moneda no tenía ninguna intención de cumplir con sus promesas. El general Carlos Vergara Montero, nuevo Ministro de Guerra, sostuvo perentoriamente que, a su juicio, las mejores ideas eran de plomo y que el razonamiento de los cañones era mucho más claro y preciso que el contenido de un millón de libros.

Más tarde esta actitud belicosa quedó completamente clara al descubrirse que el general Montero Vergara había preparado el ataque de la Aviación el tres de septiembre, en circunstancias que las conversaciones fueron rotas solamente el cuatro. ¿Por qué?

Aquí conviene detenerse un momento, porque la Historia de Chile se hace mucho más comprensible y el verdadero rostro de las sucesivas oligarquías que lo han gobernado queda al descubierto. Porque, previendo que la Aviación no podría con la Armada, pues los propios oficiales superiores la comparaban a una aviación de juguete, apta para acrobacias y no para combates, y además, por la extrema inexperiencia de sus pilotos, EL MINISTRO DE RELACIONES EXTERIORES, LUIS IZQUIERDO, HABÍA SOLICITADO EL AUXILIO DE LA ESCUADRA DE LOS ESTADOS UNIDOS, PARA QUE ECHARA A PIQUE LAS VEINTITRÉS UNIDADES NAVALES CON QUE CONTABA LA ARMADA Y ASÍ APLASTAR LA SUBVERSIÓN. Es decir, si fallaba la aviación, venían los americanos. Pero no sólo a destruir la Escuadra chilena, sino a quedarse un tiempo en el país, para sosegar al agitado movimiento social, que crecía peligrosamente a lo largo de todo Chile.

Considérese que cuando esta decisión estaba siendo tomada, la Federación Obrera de Chile, bajo la conducción de Elías Lafertte, había decretado la huelga general en apoyo de las reivindicaciones elevadas por la marinería.

Existe un documento secreto sobre este punto, firmado por el Almirante y Mediador del Gobierno ante los amotinados, Edgardo von Schroeders. Este oficial escribió tres versiones sobre los acontecimientos ocurridos en septiembre de 1931. Dos fueron publicadas, y la otra permaneció en secreto, hasta que la familia del Almirante vendió su Biblioteca a un librero, en 1972.

Este documento está mecanografiado y encuadernado en negro. Contiene veintinueve páginas. En las numeradas diez y once se lee:

"El domingo, como a las diez horas, voy a conversar un rato con el Ministro de Relaciones, mi amigo don Luis Izquierdo, quien fue el único que tuvo un rasgo de hombría para oponerse al Ministro de la Guerra y solicitar que actos de tanta importancia como el ultimátum a la Escuadra, se pusieran antes en conocimiento del Consejo. Don Luis ha tenido siempre un gran aprecio por la Marina y trataba de que con ayuda de su clara inteligencia y buena voluntad pudiésemos encontrar aún alguna fórmula para salir de una situación que estimaba muy grave. Le expliqué claramente mi punto de vista sobre el ataque de aviación que se proyectaba y en el cual el Gobierno estaba seguro de obtener el más completo éxito. Creía que podría tener un efecto moral favorable, pero material muy poco. Es cierto que los sublevados estaban divididos, pero era bien difícil poder anticiparse a la reacción que sobre ellos produciría un bombardeo: una vez que ha corrido sangre es difícil predecir. Le recordé que el primer problema que se le dio a la Aviación fue el de impedir que la Escuadra del Sur pudiera unirse con la del Norte. Esta Escuadra estaba compuesta del *Blanco Encalada, Araucano, Submarinos, Escampavías*, etc., y ningún buque tenía un solo cañón antiaéreo. A pesar de que se sabía la situación aproximada en que navegaban, no pudieron ser localizados y todos llegaron a Coquimbo. Si la Aviación vuelve ahora a fallar en su proyectado ataque a la Escuadra, la situación puede tornarse muy seria, pues se desprestigia la única arma efectiva con que el Gobierno cuenta para dominar a los sublevados. Es de suponer que los insurrectos no esperen tranquilamente fondeados al lado de la Base de Ovalle: (textualmente en el original. Ovalle se encuentra por lo menos a ciento cincuenta kilómetros del mar (*N. de A.*): pueden llegar al Norte, tratar de sublevar Iquique y Antofagasta, donde fácilmente pueden dominar a los regimientos de guarnición, y en fin, cometer depredaciones y actos de piratería. "Me dijo que en este caso vendría a dominarlos la Escuadra Americana. Contesté que de lo mismo se trató en la reunión con nuestro Ministro, pero mi opinión era que tuviese buen cuidado de insinuarlo oficialmente, pues si el país sabía que se había pedido el auxilio de los yanquis con este objeto, me temo que el Gobierno corra peligro de caer."[71]

Aquí no sólo hubo un clarísimo propósito de violación de la soberanía nacional, sino también un acto que puede ser calificado como de "Alta Traición a la Patria", pues éste debe ser el único caso, en la historia del mundo, en que un país, a causa de los profundos desaciertos de sus gobiernos, se vea en la necesidad de pedir a una potencia extranjera que venga a destruir su Escuadra para resolver un problema interno de carácter social.

El movimiento de los marineros no alcanzó sus objetivos a causa de la división de sus dirigentes. Si bien hubo un intenso bombardeo, sólo dos bombas dieron en el blanco. Una de ellas alcanzó a un submarino matando a dos hombres. Pero ya algunos buques se habían rendido, entre ellos el buque insignia, *Acorazado Almirante Latorre.*

¿Qué fue lo que motivó exactamente la rendición de la Escuadra? Los magros resultados del combate con la Aviación no pueden inducir a pensar en una capitulación provocada por bajas físicas o materiales de gran magnitud. Lo que está claro es que a bordo se gestó una suerte de contrarrevolución, propiciada por elementos que originalmente estuvieron integrando el "Estado Mayor de las Tripulaciones". Ellos se encargaron de minar la moral de los marineros.

Lo que sin duda no tendrá jamás una explicación es: ¿Qué hubiera ocurrido si la Escuadra mantiene su férrea unidad original, logra imponer sus planteamientos al Gobierno, o provoca la caída de éste y cambia, junto a sectores de la Aviación, militares, contingentes proletarios urbanos, campesinos, mineros y capas medias, el futuro rumbo del país? Pero aún hay otra pregunta: ¿qué habría ocurrido si la Aviación fracasa en Coquimbo y el Gobierno da fuego verde a la planeada invasión americana? Sin duda se trató de una de esas encrucijadas fundamentales que una o dos veces en su historia pueden cambiar radicalmente el destino de un pueblo.

El epílogo de la insurrección era completamente predecible. El Consejo de Guerra, reunido en San Felipe, decretó las siguientes condenas para los responsables del alzamiento:

Penas de muerte para el Suboficial preceptor Ernesto González Brion; el Sargento señalero Orlando Robles; el Cabo artillero Víctor Villalobos; el Cabo primero Luis Pérez Sierra; el Sargento Victoriano Zapata; el Despensero Lautaro Silva y el Cabo primero Juan Bravo; prisión perpetua para el Cabo Despensero Manuel Astica y el marinero Augusto Zagal; quince años de prisión para el Cabo Manuel Bastías; el Sargento Moisés Pino; el Cabo René Jara y el Cabo Juan Paredes; diez años de prisión para el Cabo Heliodoro Labra y para el Cabo José González.

Tiempo más tarde, tomando en cuenta las grandes movilizaciones populares que provocaron las condenas, el Gobierno conmutó las penas principales por relegación. Y el catorce de junio de 1932 se concedió la amnistía general bajo la breve égida de la "*República Socialista*", encabezada por el Comodoro del Aire Marmaduke Grove.

29. Los territorios libres de Alto Biobío, Nitratúe, Ranquil y Lonquimay

Fecha: junio de 1934; Presidente de la República: Arturo ALESSANDRI PALMA; Ministro del Interior: Luis SALAS ROMO; Educación: Osvaldo VIAL VIAL; Tierras y Colonización: Luis MANDUJANO TOBAR; Agricultura: Matías SILVA SEPÚLVEDA; Autor material de la matanza: General de Carabineros Humberto ARRIAGADA.

En 1928, bajo la dictadura de Carlos Ibáñez del Campo, se promulgó una Ley de Colonización Agraria, cuyo propósito de fondo era el de arrebatar a los mapuche y a los campesinos pobres toda la tierra precordillerana, en la zona comprendida entre Alto Biobío, Ranquil, Nitratúe y Lonquimay. Poco a poco fueron llegando colonos franceses, alemanes e italianos a poblar la antigua provincia de Malleco. Los roces con los propietarios agrícolas instalados en aquella región comenzaron a hacerse frecuentes.

En realidad, los colonos no venían a trabajar la tierra, sino a buscar oro, probablemente porque alguien había encontrado allí una veta explotable. Después de la caída de Ibáñez y las convulsiones político-militares de 1931-1932, fue elegido presidente, por segunda vez, Arturo Alessandri Palma, él mismo, hijo de inmigrantes italianos.

El diputado Carlos Alberto Martínez expuso en un discurso en la Cámara:

"...los antecedentes de la constitución de la gran propiedad en la región del Alto Biobío, y los esfuerzos hechos por el señor Ibáñez para solucionar los problemas de los ocupantes, dejando a éstos un "terreno de invernada" de siete a ocho mil hectáreas. Pero la situación se hizo más complicada al trasladar a los colonos a terrenos precordilleranos, con el propósito de instalar faenas de lavaderos de oro. Se formó así una masa enorme de gente de trabajo, que con sus familias, no era inferior a las diez mil almas. Con el rigor del invierno, esos obreros no pudieron trabajar ni obtener alimentos. Empujados por la desesperación, se lanzaron sobre las Pulperías y arrasaron con los establecimientos agrícolas que hallaron a su paso".

Sin embargo, el Ministro del Interior, Luis Salas Romo, sólo vio en estos hechos "la acción disolvente de grupos opositores que querían levantar en armas a cuatro o cinco provincias".

Los paulatinos despojos a que se sometió, primero a los mapuche y luego a los colonos, hicieron que estos grupos se organizaran declarando la zona "Territorio libre": libre de atropellos, de presiones, de exacciones, donde pudieran vivir en paz de acuerdo a sus propias tradiciones y costumbres y trabajando la tierra para sí.

Ante semejante situación, el Gobierno de Alessandri ordenó el bloqueo total de la zona, impidiendo el acceso a la región de alimentos y semillas. Los campesinos respondieron organizando grupos de comando, bajo la dirección de José Segundo Leiva Tapia, joven profesor de Castellano e Historia, de militancia comunista. Premunidos de armas, bajaron a las pulperías de las grandes haciendas, que ya cobraban forma en la zona de los llanos, para proveerse de lo esencial. Algunos estancieros, que miraban ambiciosamente hacia las tierras altas, respondieron a balazos, lo que produjo choques armados y conatos de violencia en toda la región. Ahí comenzó a cerrarse el cerco policial, a cargo del General de Carabineros Humberto Arriagada, de la Policía Montada de la Frontera, creada por Ibáñez. Primero aislaron a los mapuche y a los campesinos. El segundo paso fue impedir el acceso a la zona de parlamentarios, periodistas, fotógrafos y curiosos. Luego, en el mes de junio de 1934, iniciaron el avance emprendiendo acciones represivas que duraron varias semanas.

Casi todas las versiones sobre la *Masacre de Ranquil*, como se la conoce, difieren entre sí. Un sobreviviente, Abel Cartes, afirmó que veinte carabineros agredieron a un grupo de campesinos. Él mismo recibió impactos de balas de carabina sobre el hombro derecho, logrando refugiarse en su rancho. Cree que unos treinta compañeros suyos, que se encontraban con él, fueron asesinados sin ningún empacho, aunque reconoce que, desde su posición, herido y escondido, no supo exactamente lo que pasó en la zona. El entonces muy joven periodista José Gómez López, que acaba de morir, me contó que fue expulsado seis veces de Lonquimay, para impedirle subir al Alto Biobío, pero que algunos sobrevivientes le pidieron que contara que a sus compañeros, arriba, los estaban masacrando. Esto parece corroborar las afirmaciones de otro periodista, Fernando Rivas Sánchez, quien, en su opúsculo *La lucha por la tierra*[72], escribió que "días, y aún semanas después de la masacre, los ríos bajaban plagados de cadáveres de hombres, mujeres y niños". Y ésta no parece una afirmación antojadiza: el senador Juan Pradenas, presente cerca de los hechos, se refirió en un discurso en el Senado a las características que había tenido la represión, sosteniendo que "de quinientos prisioneros capturados por las fuerzas del orden y conducidos a Temuco, atados por el cuello, sólo llegaron vivos veintitrés"[73].

Los que siguieron de cerca los acontecimientos calculan que unas tres mil personas fueron asesinadas durante las semanas que duró la represión. Entre ellas, José Segundo Leiva Tapia, que se fue a vivir a la zona e hizo suya la lucha de los mapuche y de los campesinos.[74]

Según el dirigente comunista Elías Lafertte, que lo conoció en persona, José Segundo Leiva Tapia no podía tener más de veinticinco años. Su cuerpo fue encontrado bajo un puente, acribillado por veinte balas de carabina.

Testigos posteriores también afirmaron haber visto largas columnas de campesinos de ambos sexos, apilados a las monturas de los carabineros, atados por el cuello y conducidos a Temuco. Los jueces se declararon incompetentes y trasladaron los procesos a Victoria y luego a Concepción. De allí fueron devueltos nuevamente a Temuco. En agosto de 1934, el Congreso designó una Comisión investigadora, cuyo informe, evacuado nueve meses después, terminó archivado.

Tras diez meses de cautiverio, los veintitrés sobrevivientes quedaron libres. Pero devueltos a la antigua condición de esclavos, pues no podían abandonar sus retazos de tierra para bajar a las ciudades.

Los sucesos de Ranquil, Alto Biobío, Nitratúe y Lonquimay no marcan solamente un asesinato colectivo más (y de Alessandri): señalan el despertar del campesinado, su incorporación real a la lucha activa.

En nuestros días, la batalla por la recuperación de las tierras ancestrales ha agitado a los mapuche en esa misma provincia, que ahora dictan verdaderas lecciones de organización. El río de sangre del Alto Biobío tuvo la estremecedora virtud de desembocar en muchas conciencias. Así, la historia enseña que por cada asesinado, por cada despojado, por cada humillado y ofendido, despierta un hombre cada día. Y despierta con los puños cerrados, como si fuera a golpear.

30. Cuando el Seguro Obrero no fue un lugar seguro

Fecha: cinco de septiembre de 1938; Presidente de la República: Arturo Alessandri Palma; Ministro de Relaciones Exteriores: Luis Arteaga García; de Tierras y

Colonización: César León ENTRALÁ; de Salubridad, Previsión y Asistencia Social: Luis PRUNES; Ejecutor de la masacre: General de Carabineros Humberto ARRIAGADA, quien había dirigido cuatro años antes la matanza de Ranquil

La masacre del Seguro Obrero no está encuadrada dentro del marco de las represiones laborales. Sin embargo, su bestialidad, la inaudita crueldad con que se exterminó a los sesenta muchachos que con dos revólveres querían derribar al Gobierno, nos obliga a dedicarle unas pocas páginas a título informativo y a modo de requisitoria histórica.

Un grupo de estudiantes se apoderó de algunas dependencias de la Universidad de Chile, el cinco de septiembre de 1938, atrincherándose allí. En su mayor parte militaban en facciones de extracción nacionalsocialista, que habían cobrado entonces un auge particular, bajo la férula de Jorge González von Marées. Los jóvenes comenzaron a fumar y a deliberar, porque tenían grandes ganas de derrocar al Gobierno, pero contaban sólo con algunos revólveres.

Terminados sus pitillos, dieron por terminadas también las deliberaciones y, abriendo una ventana, dispararon algunos balazos en dirección de la parte posterior de La Moneda.

Enterado del insignificante acontecimiento y tras una muy breve deliberación en Consejo de Gabinete restringido, el Gobierno de Arturo Alessandri Palma, con la diplomacia que lo caracterizaba, ordenó derribar las puertas de la Universidad a cañonazos. Detrás de los proyectiles y amparados por el humo, penetraron en el plantel las tropas de Carabineros, disparando a diestra y siniestra. Dos estudiantes estaban muertos cerca de la puerta a causa de los estragos causados por los cañones. Los uniformados entraron en una dependencia cercana. Había allí cinco jóvenes que los miraban con perplejidad. Fueron baleados repetidamente y sin misericordia. Por una escalera venían descendiendo los otros, con las manos en alto. A éstos los detuvieron y los condujeron, siempre brazos en alto, por calle Morandé hacia Agustinas.

Un segundo grupo se había hecho fuerte, a su vez, en el edificio del Seguro Obrero, situado en esquina encontrada con el Palacio de La Moneda. Pusieron una cadena a la gruesa puerta de hierro. El guardián, que se hallaba parado en la esquina próxima, se dio cuenta de que algo anormal estaba sucediendo y corrió hacia el edificio con su arma en la mano. Cuando un muchacho lo vio de pie frente a él, del otro lado de la reja, apuntándole, le disparó primero y le dio en pleno pecho. Luego todos comenzaron a subir por la escalera, refugiándose en los pisos superiores.

Se encargó de organizar la operación represiva el ya tristemente célebre General de Carabineros Humberto Arriagada, que había aumentado en forma considerable su prestigio tras la multitudinaria matanza que dirigió en el Alto Biobío. Sin pensarlo mucho –no le gustaba pensar–, el General (de Carabineros) Humberto Arriagada ordenó que ambos grupos, más algunos obreros que pasaban por allí y otros curiosos, fueran reunidos en aquel edificio.

Tras derribar las puertas, penetraron en él las fuerzas policiales. Aunque dispararon escalera arriba, los muchachos habían subido por lo menos cinco pisos, de manera que era difícil localizarlos y se pensaba que estaban fuertemente armados. Decidieron entonces esperar a que se rindieran, atrincherándose en una sala estratégicamente ubicada en la planta baja.

Las instrucciones presidenciales, impartidas verbalmente, habían resonado glacialmente en el aire helado del mediodía:

"¡– Que no quede uno solo vivo! ¡Mátenlos a todos!"[75]

Uno de los uniformados disparó desde la calle hacia una ventana alta, justo cuando uno de los estudiantes asomaba la cabeza. La bala le dio en plena frente matándolo en el acto. Los jóvenes decidieron rendirse y comenzaron a bajar por la escalera con los brazos en alto. La tropa, que esperaba en una sala, abajo, salió de su escondite y empezó a disparar contra los que descendían, pese a que los vieron con los brazos alzados. Los cuerpos rodaban por los peldaños, algunos muertos, otros heridos. Carabineros procedió a aniquilar fríamente a los que se movían, pasando y repasando con sus botas los peldaños empapados de sangre. A algunos, los oficiales los remataban atravesándolos con sus sables y a otros destrozándoles la cabeza con las culatas de las carabinas. El general de Carabineros Humberto Arriagada recomendó:

"–Usen los revólveres y no las carabinas, para que no reboten las balas".

Un médico llegó al edificio del Seguro Obrero con la intención de auxiliar a los heridos cuando oyó unos gritos horribles y unas voces más bien calmadas que inmediatamente una voz poderosa, majestuosa e indemne que planeaba desde arriba:

"–¡Que se vayan los médicos. Aquí no va a haber ningún herido!".[76]

Sesenta estudiantes y obreros murieron asesinados a mansalva, en pleno centro de Santiago y a plena luz del día. Tres libraron con vida ocultándose heridos bajo los cadáveres de sus compañeros. Aquellos sobrevivientes lo contaron todo.

31. El "Matadero Constitucional" se traslada a la Plaza Bulnes

Fecha: veintiocho de enero de 1946; Presidente provisional de la República: Alfredo DUHALDE; Ministro del

Interior (Subrogante): Vicealmirante Vicente MERINO BIELICH; de Obras Públicas: General Manuel ZOVALIAS ARROYO.

En enero de 1946 el país vive bajo la presión de una serie de movimientos huelguísticos. El salitre, el cobre y el carbón están en huelga. Ejerce la primera magistratura de la nación, en carácter de subrogante, Alfredo Duhalde, tras la muerte del Presidente titular, Juan Antonio Ríos Morales.

Esta conjunción de situaciones provoca una ola de inestabilidad institucional. Alfredo Duhalde pretende disolver los sindicatos mediante la prorrogación de un decreto y, de hecho, consigue suprimir algunas personerías jurídicas.

La Confederación de Trabajadores de Chile procede a convocar un paro general para el miércoles treinta de enero de 1946 y a un mitin el lunes siguiente. Allí se daría lectura a un memorándum cuyos puntos principales pueden transcribirse así:

1) Protestar por la actitud del Gabinete frente a los conflictos del trabajo.

2) Rehabilitación inmediata de la personalidad jurídica de los sindicatos del salitre.

3) Retiro de las Fuerzas Armadas de los conflictos laborales.

4) Reincorporación de los obreros despedidos por la COSATAN (Compañía Salitrera Tarapacá y Antofagasta).

5) Medidas inmediatas contra desalojos, especulación y alza de los artículos alimenticios.

6) Cumplimiento de la reglamentación sobre higiene y seguridad en las industrias.

Ahora, con respecto a los luctuosos sucesos conocidos como la "*Matanza de la Plaza Bulnes*", hay por supuesto dos versiones. La prensa de izquierda sostuvo que no existió provocación alguna por parte de los trabajadores y esto jamás fue desmentido, ni oficial ni extraoficialmente. Los hechos fueron éstos:

No bien comenzó el mitin y aún antes, los trabajadores se percataron de que existía un insólito despliegue de tropas de Carabineros fuertemente armadas. El Gobierno había dispuesto el acuartelamiento de estas fuerzas en las primeras horas de la mañana.

A las cinco de la tarde, una disposición emitida desde la Prefectura General y firmada por un oficial de apellido Rebolledo, llegó a todas las unidades, ordenándoles que marcharan hacia la Plaza Bulnes, equipadas "con todo lo necesario". Esto revela de por sí que, con provocación o sin ella, las fuerzas de orden tenían instrucciones previas de actuar, probablemente con el objeto de frenar las manifestaciones populares a lo largo de todo el país.

A las diecinueve horas, unas veinte mil personas llenaban el recinto de la Plaza Bulnes. Los sindicatos y los diversos grupos laborales portaban estandartes y consignas. A las diecinueve treinta, seguían llegando columna tras columna. Paralelamente, nuevos efectivos de Carabineros se apostaban en las inmediaciones y los manifestantes estaban, en la práctica, rodeados por un creciente contingente policial.

A las diecinueve cuarenta y cinco, un oficial de Carabineros, que actuaba bajo las órdenes del coronel Galindo y del mayor Sánchez, ordenó el despeje del espacio situado al lado norte del monumento erigido en ese sitio al general Manuel Bulnes. La orden fue transmitida con desusada violencia y grupos policiales comenzaron de inmediato a empujar a los manifestantes con sus caballos, como buscando intencionalmente la exasperación de los ánimos. El espacio que circundaba el monumento fue declarado ¡recinto militar! Dada la cantidad de trabajadores reunidos allí, hubo un momento en que ya no fue posible avanzar ni retroceder. Entonces, la policía montada desenvainó sus sables y cargó contra la indefensa muchedumbre, golpeando cabezas, hombros y torsos sin el menor escrúpulo.

Lo que sucedió a continuación deja estupefacto. Las tropas montadas se retiraron, como obedeciendo a una orden perentoria (actitud que, lo repetimos una vez más, prueba que todas y cada una de las acciones estaban planeadas de antemano). Entonces la infantería procedió a tenderse en el suelo, abriendo fuego graneado sobre la muchedumbre. Muchos atinaron a echarse sobre la hierba y salvaron con vida. Otros no atinaron al menor movimiento de protección.

El periodista *Punzón,* del diario *El Siglo*, presente en la Plaza Bulnes, anota en la edición del treinta y uno de enero de 1946:

"Cayeron hombres y mujeres dando gritos atroces, mientras los que podían huir a refugiarse lejos, lo hacían presas del pánico. Nosotros no pudimos escapar y nos quedamos tendidos en el prado frente al Teatro Continental. Y vimos lo salvaje, lo indescriptible: los Carabineros, montados, pisoteando con sus caballos a los trabajadores y sus mujeres, muertos o heridos, y persiguiendo a los que huían. Disparaban a tontas y a locas, lo que produjo más muertos y más heridos".

La furia de la represión policial no fue capaz, sin embargo, de anular el mitin. (Hubo dieciocho muertos y ciento cuarenta y tres heridos). Entre el clamor de los heridos y la silenciosa presencia de los muertos, hablaron, primero Bernardo Araya y luego Salvador Ocampo, ambos máximos dirigentes de la Confederación de Trabajadores de Chile. En sus respectivos discursos insistieron en la necesidad de apretar filas en torno a la Confederación.

En el local de la CTCH fueron velados algunos de los muertos: Ramona Parra, de dieciocho años, obrera comunista de *Recalcine* (que más tarde daría su nombre a las "*Brigadas*" de los juveniles pintores muralistas de la Unidad Popular); Filomena Chávez, sin antecedentes políticos; César René Tapia, obrero comunista; Alejandro Gutiérrez, obrero socialista; y Roberto Lisboa Calderón, tornero, Secretario Sindical de la Industria SIAM. Ninguno de los muertos sobrepasaba los treinta años.

El Gobierno prosiguió la escalada dictando orden de captura contra los responsables de la convocatoria al mitin. Al mismo tiempo, declaró el Estado de Sitio(,) y simultáneamente allanó locales sindicales deteniendo a numerosos dirigentes. La vigilancia policial en torno a la CTCH se mantuvo por meses. Poco a poco, sin embargo, como una trágica costumbre ya arraigada en los hábitos políticos chilenos, las cosas volvieron a la normalidad y un lento manto de olvido cubrió poco a poco el nombre de los asesinados.

32. Y entonces, Augusto Pinochet Ugarte inicia su carrera represiva

Fecha: años 1947 a 1952; Presidente de la República: Gabriel GONZÁLEZ VIDELA; Ministro del Interior: Luis Alberto CUEVAS y luego el Contralmirante Immanuel HOLGER; Ministro de Defensa: Juvenal HERNÁNDEZ y luego Alfonso BARRIOS TIRADO; Ministro de Relaciones Exteriores: Raúl JULIET; de Justicia: Humberto CORREA LABRA.

Gabriel González Videla fue elegido presidente de la República en 1946, con votos radicales, socialistas y comunistas, tal como había sucedido antes con los otros dos gobiernos radicales: el de Pedro Aguirre Cerda y el de Juan Antonio Ríos Morales.

Esta luna de miel duró aproximadamente un año. Gabriel González Videla, como Arturo Alessandri Palma, pertenecieron a la categoría de políticos camaleones. Demagogos consumados, se hicieron elegir con los votos de los trabajadores para luego lanzar contra ellos violentísimas acciones represivas. Piénsese –con espanto– que Alessandri Palma, en sus dos administraciones, consumó al menos seis grandes masacres, tanto en la Pampa Salitrera como entre el campesinado del sur, las que sumadas a la de su hijo, Jorge Alessandri Rodríguez, en 1963, que ya veremos más de cerca, marcan un récord absoluto en la materia. Sólo Augusto Pinochet Ugarte los superó con creces, pero había estudiado en la escuela matonesca de Alessandri Palma.

La diferencia de métodos entre Alessandri y González Videla es notoria: el primero perpetraba matanzas puntuales y luego hacía que el país retornara a la normalidad, pero una normalidad que siempre tenía sobre la cabeza la espada de Damocles. En cambio, González Videla se abstuvo de cometer matanzas demasiado vistosas, para aplicar una política de represión permanente.

En primer lugar, recurriendo a múltiples pretextos políticos y bajo la amistosa persuasión de los Estados Unidos, que ya controlaban largamente los yacimientos de cobre de Chile, hizo que su Ministro del Interior, Almirante Immanuel Holger, dictara, en agosto de 1947, la *Ley de Facultades Extraordinarias*, que luego se convirtió en *Ley de Defensa de la Democracia*, que los trabajadores apodaron *Ley Maldita*. Esta ley permitió al sátrapa practicar su política de represión permanente ya mencionada. Para ayudar a sus amigos norteamericanos en sus problemas con los sindicatos y retribuir el Pacto de Ayuda Militar –mediante el cual USA se deshace de su ya inservible chatarra de guerra entregándosela a países del Tercer Mundo a cambio de gestos políticos–, puso en primer lugar fuera de la ley al Partido Comunista. (Como curiosidad de la política chilena, el Partido Comunista, fundado en 1922, ha estado fuera de la ley casi tantos años como dentro de la ley: *cinco* durante la dictadura de Ibáñez, *once* durante los regímenes de González Videla y del mismo Ibáñez, y *dieciocho* durante la dictadura de Augusto Pinochet, lo que suman *treinta y cuatro.* A ellos habría que añadir su actual situación, pues con las disposiciones electorales que emanan de la Constitución de Agusto Pinochet-Jaime Guzmán, promulgada en 1981, prácticamente no tiene ningún derecho ciudadano, ningún senador, ningún diputado y ninguna posibilidad real de intervenir en la vida política del país. Como esta situación alcanza a otras colectividades de izquierda, estamos ante el caso de que la democracia chilena mantiene actualmente fuera de la ley a un tercio de los ciudadanos con derecho a voto). Un senador socialista dijo sin ningún empacho, en una entrevista concedida a *El Mercurio Dominical,* en 1997: "Al Partido Comunista lo vamos a tener fuera del Parlamento por lo menos unos treinta años". Lo que de cumplirse sumaría la bagatela de sesenta y tres años fuera de la ley.

Apenas promulgada la *Ley Maldita,* aparece en escena un personaje, hoy internacionalmente conocido como "El Paciente Inglés": Augusto Pinochet Ugarte:

"Creo que cuando el Presidente de la República resolvió dejar fuera de la ley al Partido Comunista, fue un momento de mucha felicidad para la ciudadanía, no sólo de Iquique, sino de Chile entero".[77]

Y repleto de felicidad, entra inmediatamente en acción, como capitán del Regimiento Carampangue, de Iquique:

"Hoy puedo apreciar con qué rapidez cambió el rumbo de la historia de Chile por las medidas que se adoptaron esa noche trascendental y que actualmente la ciudadanía debería recordar como fecha muy significativa.

Como a las tres de la mañana quedaron organizadas las columnas motorizadas con la totalidad del ¡*personal combatiente*! (Signos exclamativos del autor). Una de las restricciones que debíamos observar era, en lo posible, no llevar personal cuyos familiares vivieran en las Oficinas salitreras. Lamentablemente en mi Unidad fundamental la mayoría provenía de esos lugares. Se informó que las columnas estaban listas y de inmediato se nos ordenó salir a diferentes lugares de la Pampa. Poco antes de partir (cerca de las 03.00 horas), los capitanes recibimos la misión de dirigirnos a determinados puntos, detener a los agitadores comunistas, y luego trasladarlos a Pisagua. ... Mi Unidad de infantería recibió la orden de dirigirse a la Oficina Humberstone y detener a numerosos comunistas que nosotros bien conocíamos y cuya lista había preparado Investigaciones. ... Como todo se había desarrollado muy rápidamente, el lugar (Pisagua), no estaba preparado para recibir a cerca de 500 personas. ... En enero de 1948 se me destinó como Jefe de Fuerzas Militares en Pisagua. ... Otro suceso que encuentro en mis 'anotaciones' y que recuerdo por las repercusiones que pudo tener en el futuro, fue la llegada de un grupo de congresales a visitar a los relegados, entre los que se me informó que venía el Senador socialista Salvador Allende. Estos señores, sin previo aviso, aparecieron en el retén de *Alto Hospicio*, donde fueron detenidos por los Carabineros. En ese lugar, que queda exactamente poco antes de iniciar el camino de bajada hacia el puerto de Pisagua, se suscitó una seria discusión entre el personal policial y los señores congresales, que esgrimían como argumento su propósito de 'venir a conocer el estado de los presos'. En ese momento yo era el oficial más antiguo, por lo que se llamó desde el Alto a mi puesto de mando. Les hice contestar que no había permiso de la autoridad de Iquique para pasar. Como insistieron en que pasarían aun sin permiso, les hice informar que si hacían tal cosa se les dispararía sobre el camino. ... Estaba dispuesto a hacerlo. Ante la firmeza de la respuesta, se volvieron hacia el interior. Creo que habría cumplido lo que decía, pues las órdenes eran no aceptar visitas, y menos de estos señores que sólo venían a agitar a los relegados."[78]

Las aventuras del osado "combatiente" continuaron un tiempo más tarde, en otro punto de conflicto, pues parecía haberse transformado en uno de los especialistas represivos de la dictadura de González Videla:

"... Había desempeñado cerca de dos meses mis funciones en la Academia de Guerra, cuando una mañana fui llamado por el Director. ... Me presenté tranquilamente a escuchar lo que el Director tenía que decirme. En forma muy breve me transmitió una orden de la Superioridad Militar que me destinaba a una misión en las minas de carbón de Schwager. Dicha disposición había tenido en cuenta que era el oficial menos antiguo del Primer Año, y en consecuencia de la Academia, y que bien podía retrasar un año mis estudios. Entretanto debía desempeñar el cargo de Delegado del Jefe de la zona de Emergencia en la Compañía Carbonífera de Schwager".[79]

En Pisagua se sometió a los presos o relegados, como los designa Pinochet, a las más bárbaras condiciones de vida. Se hallaban allí, hacinados, hombres, mujeres, niños y ancianos pampinos, que durante años sufrieron toda clase de vejaciones, e incluso torturas, de parte de sus custodios. No pocos murieron. Llegaron también presos políticos, escritores –en aquellos tiempos había "escritores peligrosos", clase que se ha ido extinguiendo en razón de las prebendas que el Estado ha dispuesto para corromperlos–, periodistas, profesionales. El nombre del puerto –Pisagua– tiene una connotación maldita entre los trabajadores, no sólo porque lo inauguró González Videla, sino porque la dictadura de Augusto Pinochet lo transformó en un gigantesco cementerio clandestino, donde de cuando en cuando se encuentran por azar fosas comunes con los cadáveres torturados y fusilados de presos políticos.

La experiencia del futuro dictador en Lota y Schwager no fue menos intensa e instructiva para su mortal educación represiva. Cerca de dieciséis mil mineros habían votado la huelga, con sólo dieciocho votos en contra. Ya desde el veintidós de octubre de 1947, con la primera huelga del carbón, Gabriel González Videla desencadenó simultáneamente la represión en todo el país. Dijo –ampulosamente, como era su costumbre– "que la huelga del carbón era la primera batalla de la tercera guerra mundial".[80]

De inmediato las tropas, al mando de las cuales se encontraba, entre otros oficiales, Augusto Pinochet, iniciaron uno de los episodios más crueles de las luchas sociales de Chile: metían mujeres e hijos de los mineros en carros para transportar animales, y los enviaban a pequeñas y abandonadas estaciones ferroviarias del sur. Estos relegados, que ni siquiera estaban en huelga, indefensos y sometidos a la única voluntad de sus verdugos, sólo eran utilizados como una miserable forma de presión para doblegar a los carboníferos, no contaban ni con alimentos ni con lugares de alojamiento. Si se hallaban en un convoy ferroviario destinado al transporte de animales, se les prohibía bajar de los vagones, a fin de que tropezaran sobre sus propios excrementos e, incluso, durmieran sobre ellos. En materia de hallazgos guerreros –combatientes–, los militares chilenos pueden dar lecciones al mundo y Augusto Pinochet, antes de su captura en Londres, como criminal, parecía sentirse muy orgulloso de sus hallazgos para someter al enemigo: mujeres desamparadas y niños sin ninguna defensa, de pocos años. ¡Qué Ejército maravilloso el que tenemos! Los ocupantes de los trenes que pasaban, por ejemplo, ante la pequeña estación ferroviaria de Quepe –que fue visitada por numerosos parlamentarios de tendencias políticas diferentes, quienes dejaron su testimonio en discursos espantosos ante el Congreso: Eduardo Cruz-Coke, Bernardo Leighton, Radomiro Tomic, Salvador Allende–, contemplaban aterrados el espectáculo de mujeres hambrientas y niños completamente desprovistos de todo, instalados cerca de las vías férreas. Algunas mujeres tenían hasta ocho hijos que alimentar, tal vez con hierbas cocidas y ratones de campo. Muchos pequeños murieron a causa de las horrendas condiciones en que se encontraban. Un grupo reducido llegó a Valdivia y allí recibió la ayuda de los periodistas de un diario de izquierda, que lograron instalarlos, merced a la agria complicidad de un Intendente, en una escuela cuyos vidrios estaban rotos.[81]

Los hombres, por su parte, fueron enviados a la Isla Quiriquina y algunos, los más combativos, a Melinka, un islote situado al sur del Archipiélago de Chiloé, donde sólo el viento y el mar soportan la crueldad del clima.

El Ministro de Defensa, Alfonso Barrios Tirado, ordenó, según propia declaración suya en Consejo de Gabinete, el allanamiento del domicilio de los deportados. En estos allanamientos, los militares requisaron todo el vestuario y los alimentos que encontraron, quebrantando no sólo las leyes de los Códigos, sino toda ley de orden moral. Cuando me contaban esto, pensé que todo uniformado no es más que una hiena hambrienta. El verdadero hombre jamás ha pasado por allí.

El diputado falangista Radomiro Tomic, que después cofundaría la Democracia Cristiana, en un discurso pronunciado en la Cámara contra la Ley de Defensa de la Democracia, dijo, después de recordar lo sucedido recientemente en Europa:

"En Chile también hemos visto esa mirada de perseguidos y acorralados, el ceño hosco y hostil de mujeres y niños, de trabajadores que habían padecido el terror nocturno de los allanamientos militares, y que ahora, en plazas y calles, piden limosna o se prostituyen para vivir".[82]

Y narra de Luigi en un artículo publicado al día siguiente, en el mismo diario:

"En el norte, donde los obreros salitreros habían declarado huelgas de solidaridad, sucedieron cosas parecidas o peores. Queda de ellas un documento oficial, que es también una gloria del régimen. Nos referimos a una orden emanada de la Oficina *María Elena*, firmada por el Mayor Héctor Godoy Osses. Fue publicada por *El Mercurio*, de Antofagasta, el veintiséis de octubre de 1948. De ella citaremos sólo los párrafos más brillantes y democráticos, los más legales y constitucionales:

'Los obreros que no salgan al trabajo serán cancelados y expulsados de la zona salitrera. QUEDA PROHIBIDA LA ENTRADA DE PARLAMENTARIOS COMUNISTAS Y FALANGISTAS A LOS DISTINTOS CAMPAMENTOS. (En mayúsculas en el original). Tanto los parlamentarios de las distintas filiaciones políticas indicadas que sean sorprendidos dentro de los Campamentos, como las personas que les presten albergue o cualquier otra clase de ayuda, serán detenidos de inmediato y puestos a disposición de los Tribunales de Justicia correspondientes. Las Fuerzas del Ejército y Carabineros bajo mi mando mantendrán el principio de autoridad cueste lo que cueste, incluso con el empleo de las armas en caso necesario'."[83]

33. En otoño, Santiago entero sangra

Fecha: dos de abril de 1957; Presidente de la República: Carlos IBÁÑEZ DEL CAMPO: Ministro del Interior: Benjamín VIDELA VERGARA; Jefe Militar de la Plaza: General Horacio GAMBOA NÚÑEZ; Intendente de Santiago: Gustavo LUCO; Salvador ALLENDE preside el Frente de Acción Popular.

Todo comenzó por un alza en las tarifas de la locomoción colectiva. Los primeros movimientos estudiantiles se registraron en Valparaíso, donde numerosos jóvenes volcaron microbuses y detuvieron el tránsito en varias intersecciones claves, en particular, la importante Avenida Perú, que une Valparaíso con Viña del Mar, y la calle Agua Santa, que conduce desde Viña del Mar a Santiago.

Pronto, el movimiento se trasladó a la capital, donde comenzaron las asonadas callejeras de protesta.

"Al comienzo se lanzaban gritos, algunos paralizaban los trolebuses tironeando y cortando las cuerdas que sujetaban los tomacorrientes, otros impedían el paso de los microbuses bloqueando las calles. Al tercer día la cosa se puso más violenta. Comenzaron a volar piedras. En algunos puntos la gente levantó los adoquines y las baldosas para formar barricadas. Grupos de muchachos procedentes de las poblaciones de la periferia comenzaron a dejarse caer al centro, llenos de ímpetu y de furia. Hubo asaltos a armerías. Recordando las experiencias de las manifestaciones de la famosa "revolución de la chaucha", en 1949, equipos organizados de estudiantes comenzaron a volcar micros. En el centro se extendió el deporte de echar abajo los postes del alumbrado, los semáforos, los buzones y otras instalaciones estatales y municipales.

El Gobierno anunció que el Ejército se hacía cargo del orden público en la ciudad. Comenzó a sentirse un fuerte aroma a golpe militar. Se decretó toque de queda y patrullas armadas con fusiles empezaron a recorrer las calles. En la noche del dos de abril, la Redacción del diario *El Siglo*, en la calle Catedral, y la Imprenta Horizonte, en calle Lira, fueron asaltadas. En la Redacción, el operativo estuvo a cargo de agentes de Investigaciones dirigidos por un inspector de apellido Estibil. Sus hombres destrozaron escritorios, vidrios y demás instalaciones, por lo demás bastante modestas. Pero Estibil se prendó de algunas máquinas de escribir y las hizo llevar a su oficina. En la Imprenta (Horizonte) la cosa fue peor. La manzana fue rodeada de tropas con armamento de guerra. Todo el personal de trabajadores gráficos y periodistas fue arrestado y trasladado aquella misma noche con lo puesto, en camiones abiertos, a la localidad de Curepto, a unos trescientos kilómetros de Santiago. Un grupo de individuos de civil, entre ellos un técnico extranjero del Instituto Geográfico Militar, rompieron a golpes, con mazos de fierro, que traían especialmente para cumplir esa misión, las linotipias, las fundidoras, los equipos del fotograbado y la gran rotativa."[84]

El Gobierno, sin ceder un ápice, había designado Jefe de la Plaza al general Horacio Gamboa, quien, de inmediato, comenzó a aumentar el despliegue de tropas cada vez más fuertemente armadas, en puntos estratégicos. Un batallón completo se atrincheró en el Cerro Santa Lucía, en pleno centro de Santiago y prácticamente frente a las dos universidades más importantes del país. Como un intento de frenar las convulsiones en el huevo, Gamboa ordenó diversas acciones represivas, una de las cuales dispara la violencia, que se veía venir: soldados en patrulla, en calle Santo Domingo, matan en plena mañana a la joven estudiante universitaria Alicia Ramírez, de filiación comunista. Las conmovedoras circunstancias de su muerte –agonizó durante horas en plena calle, sin que los soldados permitieran que se le prestara ayuda– pusieron a los estudiantes en franco pie de guerra. El batallón apostado en el Cerro Santa Lucía impedía a balazos y ráfagas de ametralladora todo tránsito por la Alameda Bernardo O'Higgins y las calles circundantes. Las balas mataron a gente comprometida con los sucesos, pero asimismo a gente que nada tenía que ver con ellos, pues se trataba de proyectiles de guerra, y penetraban fácilmente a través de muros, puertas y ventanas de un barrio densamente ocupado por hoteles, restaurantes, bares y edificios de departamentos.

Pasado el mediodía la situación se agravó aún más. Grupos de pobladores adultos, entre los cuales se mezclaron maleantes, llegaron al centro, comenzando batallas campales contra los militares. El Cuerpo de Carabineros sacó a la calle su Policía Montada, esta vez premunida de largas lanzas, aparte de su armamento convencional. Los maleantes comenzaron el saqueo de los establecimientos comerciales, rompiendo todo lo que encontraron a su paso. El Ejército y la Policía parecían haber perdido completamente el control de la situación. Se seguía asesinando con toda frialdad, como único recurso para controlar el desesperante torbellino. Los partidos políticos produjeron la impresión de hallarse completamente desbordados por los acontecimientos.

El general Horacio Gamboa, posteriormente apresado por intentar un golpe militar, contaría en un libro su versión de los acontecimientos:[85]

"Si el Partido Comunista, pese a su organización, pese a la experiencia de sus dirigentes, a su entrenamiento en las luchas callejeras y al volumen de sus masas, fue incapaz de controlar los acontecimientos de abril en Santiago, por lógica hay que deducir que actuaron otros elementos, superiores en todo a aquel partido y a sus aliados en el Frente de Acción Popular y en la Central Única de Trabajadores. Sólo la derecha ha podido ser capaz de superar al comunismo en la dirección de las asonadas de abril. Tiene una vieja e ininterrumpida experiencia histórica en botar gobiernos mediante acontecimientos que los hacen aparecer como movimientos populares. Sus tradiciones, al respecto, comienzan con la abdicación de O'Higgins y llegan hasta la renuncia de Ibáñez en 1931. La idea central de la Derecha era aparentemente (en 1957) derrocar a Ibáñez, o lo que es lo mismo, obligarlo a renunciar 'como en 1931'. Aunque la situación de abril fue cien veces más grave que entonces, Ibáñez no aceptó 'otro 26 de julio', y entonces la Derecha se puso de parte del Gobierno constitucional y le concedió facultades extraordinarias."

Según el general Gamboa, los muertos del dos de abril (y los días anteriores y posteriores) fueron sólo quince. Las estadísticas de los partidos políticos difieren profundamente de esta apreciación. El problema para contar las víctimas (no todas vinculadas a los partidos políticos ni a las organizaciones sindicales y numerosas de entre ellas pertenecientes al lumpen proletariado), inmoladas en lugares muy distantes entre sí, en toda la capital, hace que la cifra real de los caídos permanezca en el misterio. En todo caso, cuando truenan las ametralladoras, la cosa es grave y los transeúntes caen como moscas junto a los manifestantes. Nada más que en la Alameda hubo unos treinta muertos. Los heridos sumaron centenares. Los "damnificados morales y materiales" otro tanto.

El ocho de abril, temprano, el Presidente Ibáñez llamó al general Gamboa para conversar con él. Según éste, se veía contento, satisfecho. Le dijo, con su habitual parquedad, sus huraños conceptos, su frialdad para "sentir" las situaciones:

"Bueno, ya está salvado el país de la hecatombe. De la hecatombe a que habría sido arrastrado si no se detienen a tiempo las asonadas callejeras, los incendios, los saqueos. Y de la otra, la peor de todas, la quiebra del régimen, la vuelta de la oligarquía al poder que propiciaban los cerebros políticos de la revuelta, los de siempre, los de la Derecha."

Lo curioso es que las palabras de Ibáñez estaban dirigidas contra la Derecha y las acciones contra la Izquierda. Clotario Blest, Juan Vargas Puebla y Baudilio Casanova, dirigentes de la Central Única de Trabajadores, CUT, fueron condenados a tres años y un día de relegación, a raíz de una sentencia dictada por el Ministro Marco Aurelio Velásquez. A los dirigentes de la CUT se les aplicó la Ley de Defensa de la Democracia, aquella dictada en tiempos en que "un traidor, un bailarín vendía / mi patria con metales y mineros", para utilizar los versos de Neruda acuñados contra Gabriel González Videla. Hagamos notar que el viejo zorro politiquero que fue Ibáñez abolió la Ley de Defensa de la Democracia sólo unos cuantos meses antes de la expiración de su mandato presidencial. Es decir, la utilizó durante todo su período, pero finalmente aparece como el gobernante que la deroga y pone al Partido Comunista de nuevo en la legalidad.

Otro grupo de destacados abogados del Partido Comunista fue detenido en los tribunales y estuvo a punto de ser deportado. Nadie, de la Derecha, fue siquiera tocado con el pétalo de una rosa. Sospecho que por un desconocimiento deliberado o calculado de la semántica, ciertos gobernantes dejan que las palabras fluyan en una dirección y los actos en otra, como un río que de repente se bifurca.

34. "El Paleta" masacraba por distracción

Fecha: diecinueve de diciembre de 1963; Presidente de la República: Jorge ALESSANDRI RODRÍGUEZ; Comandante en Jefe del Ejército: General Oscar IZURIETA MOLINA.

Lo sucedido en la Población *Monseñor José María Caro* nunca ha recibido explicación ni nadie se ha dignado encontrar alguna, pero pudo haber tenido las más graves consecuencias para el país. Por uno de los muchos millares de problemas de todo orden que atraviesa cotidianamente la población de Chile, una muchedumbre compuesta esencialmente por adolescentes, mujeres y niños se había sentado sobre las vías férreas, en descampado, pero a pocos kilómetros de la Estación Central. Habitaban la Población *José María Caro*, bautizada así en honor de un Cardenal muy querido por los chilenos.

De repente, llegaron al lugar tropas de la Aviación, en tenida de combate, aunque aparentemente sólo con el ánimo de vigilar lo que sucedía, pues no se advertía en ellos ninguna animadversión particular contra los pacíficos manifestantes. Diciembre es el comienzo del verano en Chile y hacía calor. Ese diecinueve de diciembre era un magnífico día de sol. Las mujeres se acercaban a los jóvenes soldados y les ofrecían bebidas refrescantes, charlando animadamente con ellos. Nada anunciaba la tragedia.

Pero de pronto ocurrió algo completamente insólito: de algún modo, de alguna parte, llegó la orden, y sorpresivamente los soldaditos, como locos, comenzaron todos al mismo tiempo a disparar sus armas de largo alcance sobre más de tres mil personas que apenas minutos antes conversaban amistosamente con ellos, sin mediar la menor provocación.

Una bala blindada atravesó el vientre de una joven que lavaba ropa en el interior de su casa. Estaba esperando un hijo. La vivienda se hallaba a más de cien metros del sitio donde se estaba haciendo puntería sobre el pueblo. Los periodistas fuimos advertidos en pocos instantes y nos trasladamos al sitio del suceso. La escena era verdaderamente insoportable: había jóvenes, mujeres y niños, muertos y heridos sobre los rieles del ferrocarril. Se nos alejó del lugar bala en boca, para evitar testimonios demasiado directos y absolutamente comprometedores, aunque no pudieron evitar las fotografías de los "gráficos", que aparecieron en la mayor parte de los matutinos al día siguiente.

Ocho muertos y más de cuarenta heridos hubo allí. ¿Qué pasó? ¿Quién dio orden de abrir el fuego? Este es uno de los crímenes colectivos más inexplicables de toda la historia delictiva constitucional de Chile. Al presidente Jorge Alessandri Rodríguez, hijo del mayor masacrador de la historia de Chile, después, naturalmente, de Augusto Pinochet Ugarte, lo llamaban *El Paleta*, autoapodo que escogió para su campaña presidencial, y que significaba *El compadre* o *El amigo*. Es el único presidente de Chile que nunca bebió una gota de vino, nunca se casó y nunca tuvo una amante. Su padre, Arturo Alessandri Palma, dos veces presidente de Chile, murió por el contrario sobre una amante, la hermosísima cantante apodada *La Negra Linda*, una tórrida tarde de calor y vino. Era ya un hombre viejo.

Lo cierto es que Jorge Alessandri, *El Paleta*, jamás, desde su soltera altanería, se dignó dar una explicación al pueblo. El problema es que lo salvó un salvador providencial: Salvador Allende. Apenas enterados de la matanza, los maridos, los padres y los hijos de los masacrados y heridos, más todas las poblaciones unidas a la *José María Caro*, marcharon en dirección del centro de Santiago con el ánimo de cobrar revancha.

Obviamente corrían también a una muerte segura. Salvador Allende fue advertido de los hechos en su oficina del Senado, donde preparaba la apertura de su campaña presidencial de 1964. Una de las características de Allende, aparte de su legendario valor político, era la rápida percepción de los hechos. Fue el único parlamentario que se dirigió al lugar de la masacre y con una improvisada bocina manual convenció a los trabajadores de renunciar a "la marcha sobre Santiago", donde los esperaba una muerte segura.

En Chile, cuando se habla de Salvador Allende, aunque muy poca gente lo percibe todavía, no sólo se habla de un político: se habla de un abuelo de un padre, de un hermano, de un hijo, a quien dejamos morir, abandonado por todos nosotros, sin arriesgar para nada nuestra tan querida y cobarde seguridad.

35. Cuando a ciertos cristianos les penan las malas costumbres de la Inquisición

Fecha: once de marzo de 1966; Presidente de la República: Eduardo FREI MONTALVA; Ministro de Defensa: Juan de Dios CARMONA PERALTA.

Eduardo Frei Montalva debió "degollar su primer cordero pascual" seis meses después de asumir el Gobierno de la nación. La fiesta trágica tuvo lugar en el mineral de cobre de *El Salvador,* donde varios años después aparecería un futbolista de excepción, hoy de fama internacional, llamado Iván Zamorano.

Los trabajadores habían decretado una huelga prolongada, naturalmente por razones económicas. Pero se trataba de una huelga en el cobre, a cuyos trabajadores se les designa, aún hoy en día, como la *aristocracia obrera.*

Las conversaciones se interrumpieron varias veces, ante la intransigencia de las autoridades chilenas y estadounidenses. Pesaba también el hecho de que las Compañías habían apostado su dinero a las elecciones y consideraban que con Frei Montalva habían ganado.

Eduardo Frei Montalva probó en esta ocasión lo simple que es ser candidato, lo simple que es sembrar esperanzas y lo imposible que resulta controlar las fuerzas que han apoyado las candidaturas. La misma cosa le ocurrió a Allende, aunque su vocación de cambios era mucho más desmesurada que la de Frei.

Con todo y habiendo sido testigo de su puesta en marcha, hay que atribuir a Eduardo Frei Montalva la primera iniciativa política práctica para llevar a cabo en Chile una Reforma Agraria. El padre de la Reforma Agraria en Chile es Eduardo Frei Montalva y no Pedro Aguirre Cerda o Salvador Allende, como parece creerse. Incluso durante el gobierno de Pedro Aguirre Cerda se discutió un proyecto de Reforma Agraria, que fue torpedeado por el propio Partido Comunista.

Durante la huelga, se pretendió doblegar la voluntad de los trabajadores mediante métodos anchamente conocidos por la clase obrera, antes que ceder un ápice. Es allí donde Frei comete el error: entrega la solución de la huelga de *El Salvador* a Juan de Dios Carmona, su Ministro de Defensa (y no al Ministro del Trabajo).

Conocí a Carmona: quizás el hombre político más fascista y retorcido de toda la historia de Chile. Un hombre de rostro hermético, profundamente ensimismado, a quien algo ruin le ocurrió en la infancia y lo convirtió en un adulto enteramente vil, ambicioso, envidioso, sin compasión alguna para nadie.

Precisamente me encontraba en Potrerillos el día de la matanza, en compañía de Ricardo García, con quien cumplíamos una gira por el norte. Las noticias volaron rápido a través de la quebrada que separa ambos minerales y nos dirigimos allí de inmediato, para presenciar los hechos directamente. Ricardo era también un periodista avezado y apenas los trabajadores le pidieron que interviniera, montamos en un jeep que nos condujo de Potrerillos a El Salvador, apenas una hora después de ocurrida la matanza.

Como digo, durante la huelga se pretendió doblegar la voluntad de los trabajadores mediante métodos como el bloqueo de la zona y otras artimañas ampliamente conocidas ya por la clase obrera. Como todos los gobernantes, Frei quería dominar su período, crecer como estadista y una oportunidad de demostrarlo era la huelga de *El Salvador*. "–A mí no me vienen con imposiciones"–, repetía. Pero no aclaraba que eso era sólo para los chilenos humildes.

A título comparativo citaremos un informe de ese año para apreciar la reiterada desvalorización del escudo frente a la libra esterlina y al dólar, tal como lo hemos hecho en algunos capítulos de este libro. Tal vez ello explique, mejor que nada, el paulatino deterioro económico de los trabajadores, no sólo del cobre. Eduardo Frei Montalva recibió la libra esterlina cotizada en Eº 8,92, y el dólar, en Eº 3,02. Durante la huelga del cobre, esto es, apenas seis meses más tarde, las tasas cambiarias habían experimentado un vuelco: la libra se cotizaba en Eº 10,39, y el dólar, en Eº 3,73.

Una corriente dentro de la Democracia Cristiana, encabezada por el Ministro de Defensa Juan de Dios Carmona, propiciaba la acción violenta y sin contemplaciones. Otros sectores intentaban moderar los efectos del enfrentamiento.

Carmona ordenó el traslado de efectivos militares para tomar el control del mineral. El pretexto utilizado fue el de siempre: evitar sabotajes en las instalaciones de la industria. La verdadera intención, en cambio, era la esperanza de sacar las castañas del fuego *manu militari*.

Varios días antes de las operaciones, los mineros establecieron turnos permanentes, para custodiar la seguridad del establecimiento sindical. Entre los dirigentes y entre los huelguistas había numerosos militantes democratacristianos (el partido al Gobierno), que eran entonces fuerza política mayoritaria en la mina de *El Salvador*.

La noche del diez de marzo de 1966 el Ejército comenzó a moverse en la plazoleta situada frente a la puerta principal del local del sindicato, a cuyas espaldas corría una pandereta de dos metros de altura, que separaba el edificio del campo de fútbol. La pandereta tenía entonces cien metros de largo y estaba construida con calaminas.

En ese momento se encontraban en el interior del local sindical muchos trabajadores, sus mujeres y sus niños. Preparaban la fiesta folclórica a la cual, dos días más tarde, debíamos integrarnos un grupo de compositores, autores y cantantes que desde Santiago traía Ricardo García, destacado trabajador de la Cultura, periodista y hombre de radio.

Cerca del mediodía comenzó la tristemente célebre *Operación Carmona*, poco después que éste diera instrucciones precisas por teléfono desde Santiago, al general Manuel Pinochet, hecho que, por lo demás, reconoció públicamente sin que se le moviera un pelo del bigote asesino. Las tropas emplazaron sus armas en la Plaza apuntando al local del Sindicato y abrieron fuego. Se utilizó todo tipo de armamento: ametralladoras, metralletas, carabinas y armas cortas. Los trabajadores que asistían a la función e intentaban huir, eran baleados sin asco.

Veinte mujeres y más de cuarenta trabajadores cayeron asesinados en el acto. Hubo también mucho niño herido y muerto, aunque sólo treinta y siete recibieron heridas "oficiales" en los cómputos de Juan de

Dios Carmona, el chacal de *El Salvador.* Algunos de los heridos quedaron baldados para siempre, al recibir balas de guerra en la caderas y en la rodillas, cosa que no se reconoció jamás. Los partes oficiales del hipócrita cristiano Carmona señalaron con suficiencia que sólo se disparó al aire y a las piernas, como una medida de intimidación. Pero la pandereta ya mencionada desmiente terminantemente estas versiones, que procuran distorsionar la alevosía de semejante crimen: Ricardo García y yo comprobamos personalmente que todos los impactos de balas se situaban a la altura del estómago o del pecho de una persona de estatura normal. Incluso hay algo más: allí se apreciaba claramente el calibre de las armas empleadas y los "regueros" de balas de ametralladoras.

Cinco otros periodistas de diferentes medios informativos de Santiago, que se encontraban en el lugar, fueron alejados del centro minero a punta de bayonetas, poco antes de que el Juan de Dios Carmona diera la orden de "operar". Como es obvio, a los periodistas se les alejó para evitar la presencia de testigos molestos que algún día se atrevieran a contar la realidad de los hechos, sin temor a desmentidos ni represalias.

Esa vez, por lo menos, los trabajadores aprendieron la lección. Meses después de la matanza, los democratacristianos perdieron todos los cargos sindicales, a excepción de uno.

Sobre el general Manuel Pinochet, el dictador Augusto Pinochet cuenta muy divertido en algunos de los panfletos autocelebratorios que escribió durante su régimen, que por bastante tiempo se creó una confusión entre ambos nombres y que su promoción se vio dificultada varias veces a causa de que los sucesivos Ministros de Defensa y los congresales lo confundían con "el otro Pinochet", ese de los sucesos de *El Salva-*

dor.[86] Augusto Pinochet Ugarte estima que una masacre de niños, mujeres y hombres indefensos es un suceso y no un crimen y que, además, uno puede reírse de ello.

36. Un cajón de madera para los que no tienen casa

Fecha: nueve de marzo de 1969; Presidente de la República: Eduardo FREI MONTALVA; Ministro del Interior: Edmundo PÉREZ ZÚJOVIC; Ministro de Defensa Nacional: General (r) Tulio MARAMBIO; Comandante en Jefe del Ejército: General Sergio CASTILLO ARÁNGUIZ; General Director de Carabineros: Vicente HUERTA CELIS.

Marzo pareció ser el mes rojo de Eduardo Frei. Cuatro años después de *El Salvador,* y un año y medio antes de terminar su mandato, precisamente en marzo, cayó de nuevo en la trampa del Partido Militar y se vio obligado a delegar en un subalterno la tarea de pedir a las tropas disparar contra sus conciudadanos. El subalterno fue esta vez el Ministro del Interior, Edmundo Pérez Zújovic, apodado *El Duro*, que tiempo después sería asesinado por un pequeño comando de marginales pertenecientes a la VOP (Vanguardia Organizada del Pueblo).

La historia es una de tantas, un viejo cuento que nuestros bisabuelos ya contaron y que, con pocas variantes, nosotros contaremos a nuestros nietos cuando nos pregunten por el sistema de gobierno y el significado de las palabras "orden constitucional", en el marco de un gobierno burgués: un grupo de pobladores, desesperados por las tramitaciones, cansado de vivir en el estado más primitivo que conoce el hombre, esto es, al aire libre, entre cuatro tablas y la amenazante proximidad de otro invierno, se tomaron por la fuerza, aunque sin violencia, ciertos terrenos conocidos como Pampa Irigoin, pertenecientes desde luego a la sucesión Irigoin.

Esto ocurrió en el sur, en Puerto Montt, donde el invierno es más crudo y amanece más temprano que en el centro de Chile.

Esta masacre, sin embargo, tuvo connotaciones extrañas. Durante mucho tiempo, políticos y periodistas se preguntaron por la verdadera razón de los hechos. Por ejemplo, el legítimo propietario del predio jamás presentó reclamos contra los ocupantes ilegales. Por el contrario, manifestó a las autoridades locales que él estaba dispuesto a cederlos a fin de que habilitaran allí una población para los sin casa. Pero la maquinaria represiva ya había comenzado a actuar, porque en el asunto se habían introducido los cálculos electorales y se sabía que Salvador Allende, socialista, presentaría su candidatura presidencial en los próximos seis meses. La Democracia Cristiana había llegado al poder con la promesa de gobernar el país durante treinta años. Los resultados del primer sexenio no eran extremadamente brillantes.

Por otra parte, la toma de los terrenos de Pampa Irigoin –que se hallaban desocupados desde hacía años, sin que nadie viviera ni cultivara en ellos– no representaba el menor peligro para el *status* jurídico ni político del país, ni para el Gobierno. No había signos de violencia. Los sin casa mantenían en pie una delegación permanente para discutir el problema con las autoridades locales. Sin embargo, flotaba en el aire algo extraño: existía la insólita impresión de que desde las propias esferas gubernamentales se estaba empujando a la gente a un enfrentamiento contra el aparato represor del Estado. Es decir, se buscaba exacerbar los ánimos. ¿De qué maquiavélico plan se trataba? La única respuesta que pudimos recoger era que se estaba intentando involucrar a varios parlamentarios –en particular, socialistas de Allende– en un hecho de sangre. La razón: se trataba de parlamentarios muy activos en la zona, una zona donde desde siempre había reinado la Derecha, y que la Democracia Cristiana consideraba fundamental para sus pretensiones de seguir gobernando otros seis años. Se desprende de este examen que todo fue efectivamente preparado con un frío criterio electoral, aunque uno se pregunta a menudo si los muertos no penan para siempre en la casa del hechor.

El principal inculpado debía ser el diputado socialista Luis Espinoza, que estaba enteramente vinculado al problema de la toma y buscaba, como parlamentario, una salida política negociada al problema, en lugar de recurrir al fácil expediente de las fuerzas represivas y las armas.

Uno de los jefes locales de Carabineros invitó el ocho de marzo al diputado Luis Espinoza. Se trataba de recorrer los sitios que habían sido ocupados ilegalmente por los sin casa. Naturalmente, el recorrido de las fuerzas policiales acompañadas del parlamentario fue fotografiado y filmado para probar su incumbencia en los hechos preparados para el día siguiente.

Los disparos comenzaron temprano. Primero se hizo un intento de desalojo físico, golpeando a los hombres y a las mujeres para que abandonaran el lugar. Ante la imposibilidad de lograrlo, soldados de un regimiento de Infantería acudieron a prestar mano fuerte a Carabineros, menos duchos en los manejos de los fusiles que las Fuerzas Armadas. Ocho muertos y treinta y cinco heridos quedaron en el campo, que no fue un campo de batalla, pues los pobladores no podían defenderse, ya que no tenían armas.

Un sociólogo francés me preguntó un día: "¿Por qué no lo hacen como los americanos? Si alguien viene a desalojarte, tú disparas. Allá todo el mundo está armado." Repuse que en Chile sólo las Fuerzas Armadas estaban armadas (valga la redundancia), y que el chileno es más bien cobarde cuando ve un tanque o un fusil delante suyo, aun si está defendiendo su derecho a vivir. Le gusta parlamentar, explicar, pero cuando se trata de pelear verdaderamente, se le achican los cojones de una manera muy ruda. En suma, somos pura boca. Nos han convencido de que formamos parte de un país legalista, institucional, y que debemos ser respetuosos del poder y de la historia.

El hecho concreto es que varios de los que pedían casa recibieron cajones de madera, cuya forma y tamaño son muy conocidos y están, desde antiguo, vinculados a las ceremonias de la muerte.

El Gobierno de Eduardo Frei contabilizó treinta y siete muertos al terminar su gestión. No hay que olvidar, por motivo alguno, los asesinatos cometidos en Puente Alto, Plaza Tropezón, Quinta Normal, Municipalidad de San Miguel e Instituto Comercial de Copiapó. El que olvida sigue perdiendo siempre, porque sólo la memoria puede salvarnos.

37. El increíble asesinato de Hernán Mery

Fecha: treinta de abril de 1970; Presidente de la República: Eduardo Frei Montalva; Director General de Carabineros: Vicente Huerta Celis; Jefe de las tropas que permitieron el crimen: General de Carabineros Luis Santos; Notario que levantó las actas del crimen: Jaime Morandé; Ministro de la Corte de Apelaciones de Talca que pronunció el fallo: Sergio Dunlop; Obispo de Linares: Augusto Salinas Fuenzalida.

Hernán Mery era un alto funcionario de la CORA (Corporación de la Reforma Agraria), de filiación democratacristiana. El treinta de abril de 1970 se presentó en el fundo *La Piedad*, para tomar posesión de él en nombre de la Corporación. El fundo había sido debidamente expropiado, como muchos otros. Sin embargo, en razón de los antecedentes violentos de su ex propietario, Gabriel Benavente, un contingente de doscientos carabineros al mando del general Luis Santos acompañó a Mery y a otros funcionarios civiles al lugar. Se hallaba también allí el obispo de Linares, Augusto Salinas Fuenzalida, de triste memoria durante su pasaje por el obispado de Ancud, Isla Grande de Chiloé.[87]

Mery era un hombre joven, de alrededor de cuarenta años, casado, con hijos pequeños. Según el parte policial, que coincide con el acta levantada en el lugar del crimen por el Notario Jaime Morandé, los causantes de las heridas que provocaron posteriormente la muerte de Hernán Mery fueron el agricultor Gabriel Benavente y el obrero José Hipólito Ulloa Hernández, que trabajaba a las órdenes del primero. Cuando el funcionario de la CORA –de acuerdo al dictamen de la Corte Suprema– iba a tomar posesión legal y efectiva del expropiado fundo *La Piedad*, a nombre del Estado, Benavente se abalanzó sobre él golpeándolo. Lo siguió Ulloa Hernández armado de un garrote, con el cual literalmente le destrozó la cabeza a Mery.

A pesar de que en ese momento se encontraba en el lugar –como dijimos– un fuerte contingente de carabineros, al mando del general Santos (llamado después a retiro por Salvador Allende), ningún uniformado se movió para detener a los asesinos y el general Santos se abstuvo de dar una orden en ese sentido.

Mucho después se supo que estos hechos fueron urdidos cuidadosamente apenas se anunció que el fundo *La Piedad* se hallaba en proceso de expropiación. En la conspiración participaron connotados agricultores de la región comprendida entre Talca y Linares, al sur de Santiago. Lo hizo también el obispo Augusto Salinas Fuenzalida. Este hombre era un activo oponente a la Reforma Agraria que había echado a andar el Presidente Eduardo Frei. Cuando los primeros funcionarios de la CORA llegaron, meses antes, a constatar el estado de los lugares, Gabriel Benavente les disparó. En aquella oportunidad apenas fue sumariado por el delito de lesiones.

Posteriormente atacó al diputado democratacristiano Guido Castilla, a quien propinó una seria golpiza. De este hecho fue absuelto por la Justicia. Pocos meses más tarde resultó sindicado como el jefe de un grupo de terratenientes que se apoderó del local de la CORA en Linares.

Como el país se conmoviera ante tan alevoso crimen, la policía se vio obligada a apresar a ambos individuos, cuando se aprestaban a huir hacia Argentina. Fueron juzgados por el magistrado de la Corte de Apelaciones de Talca, Sergio Dunlop, quien los condenó a tres años y un día de prisión. En Chile, por el robo de una gallina, la condena mínima es de cinco años y un día.

Esta pasividad de la Democracia Cristiana frente a las Fuerzas Armadas y la Justicia[88] presagiaba ya algo que se veía venir. En efecto, tres años y algunos meses después irrumpía en escena la silueta mortífera de Augusto Pinochet Ugarte.

Quiero terminar este libro con una cita de Carlos Droguett, quien escribe:[89]

Despedida

"Todo es curioso aquí, suena bien en el cuarto, cuando pasan los grandes camiones llenos de prisioneros, y las ambulancias con heridos goteando sangre con la bencina, suenan el lavatorio y el jarro y tiembla la llama de la lámpara. Cuando el ruido predomina, todo parece extraño de un modo natural. Entonces, ver caer muerto a un hombre no es más que escuchar un ruido. Queda el silencio, el silencio, el silencio. Es como si se hubiera ido toda la gente de la casa y después sale el sol helado y se descubre que hay cadáveres tirados en todas las calles de la ciudad, cuando a lo lejos, entre campanillas, aparece trotando el carro del panadero y pasan camiones regando las calles, barriéndolas con su escoba de agua mojada, y moja los cadáveres".

Tercera Parte

DOCUMENTOS COMPLEMENTARIOS

Anexo Uno

INFORME AL TRIBUNAL RUSSELL PRESENTADO POR EL HISTORIADOR LUIS VITALE EN 1975

Este informe fue preparado y leído por el historiador y profesor de la Universidad de Chile Luis Vitale, el doce de enero de 1975, en el Tribunal Russell, consagrado en esta ocasión a la represión y tortura en América Latina, con un Jurado compuesto por Gabriel García Márquez L. Basso, F. Rigaux, V. Dedijer, A. Saboul, Juan Bosch, Luis Cabral, Julio Cortázar, Andreas Papandreau, Armando Uribe y otros. Luis Vitale pasó por nueve centros de tortura entre el doce de septiembre de 1973 y el veintiocho de noviembre de 1974. Durante estos catorce meses reunió, en conjunto con los otros presos de los diversos campos, las cifras que se presentan a continuación y que no necesitan el menor comentario. Las cifras corresponden a las fechas comprendidas entre el once de septiembre de 1973 y el cinco de enero de 1975, es decir, apenas los dos primeros años de la dictadura de Augusto Pinochet:

Población de Chile:	10.000.000	de habitantes
Muertos: y desaparecidos:	15.000	
Prisioneros ("de Guerra")	150.000	
Heridos		decenas de miles
Suicidados:		centenares
Despedidos del trabajo:	200.000	
Asilados y expulsados hasta enero de 1975	10.000	
Personas obligadas a abandonar el país con sus familias	100.000	

Personalmente, he encontrado colonias de exiliados chilenos en Australia (unos 10.000), Suecia (unas 15.000 personas), Francia (unas 3.000 personas), y centenares en Estados Unidos, Inglaterra, Canadá, Irlanda, Suiza, Italia, España, Bélgica, México y otros países latinoamericanos. Manifiestamente, son personas que nunca regresarán a Chile. (*N. d. A*).

CIFRAS DE ALGUNOS CAMPOS DE CONCENTRACIÓN

Prisioneros que pasaron (no permanentes)

Estadio Chile (11.09.73 a 17.09.73) (Hombres y mujeres)	7.000
Estadio Nacional (12.09.73 a 09.11.73)	
Hombres	25.000
Mujeres	900
Chacabuco (09.11.1973 a 31.10.74)	3.300
Estadio Chile (09.11.73 a 25.6.1974)	
Hombres	1.100
Mujeres	60
Isla Dawson (mes 10.73 a mes 03-74)	400
Pisagua (mes 10-73 a mes 03-74)	1.500
Penitenciaría (Santiago, mes 10-73 a mes 10-74)	1.100
Cárcel (Santiago, mes 10-73 a mes 01-75)	1.500
Buen pastor (Cárcel de mujeres, Santiago, Rancagua, San Felipe, Talca, Temuco)	190
Tres Álamos (Santiago, mes 06-74 a mes 01-75)	850
Isla Riesco (Valparaíso, 28.12.73 a mes 08-74)	400
Estadio Regional de Concepción (mes 09 a mes 10-73)	3.500

ISLA QUIRIQUINA (Cerca de Concepción) mes 10-73 a mes 11-74	700
RITOQUE (Cerca de Valparaíso) mes 05-74 a mes 01-75	450
PUNCHUNCAVÍ (Cerca de Valparaíso) mes 05-74 a mes 01-75	500
SAN FERNANDO (Pvcia. Colchagua, mes 10-73 a mes 03-74)	400
BARCOS: LEBU Y MAIPO Valparaíso, mes 09 a mes 10-73	6.000
COMISARÍAS de Santiago, Valparaíso, Concepción y otras provincias:	decenas de miles.

CÁRCELES Y REGIMIENTOS

Valparaíso:	1.500
Antofagasta:	800
Arica:	1.250
Copiapó:	500
Coquimbo-La Serena:	400
Los Andes (Aconcagua):	300
O'Higgins:	350
Curicó:	250
Talca:	350
Linares:	400
Chillán (Ñuble):	1.000
Los Angeles (Biobío):	400
Malleco:	250
Cautín (Temuco):	1.000
Valdivia:	450
Osorno:	300
Puerto Montt:	450
Aysén y Magallanes:	400

Anexo Dos

CONSTITUCIÓN POLÍTICA DE LA REPÚBLICA DE CHILE PROMULGADA POR EL PRESIDENTE AUGUSTO PINOCHET UGARTE EN EL AÑO 1980

CAPÍTULO III: DE LOS DERECHOS Y DEBERES CONSTITUCIONALES

Artículo 19: La Constitución asegura a todas las personas:

1° El derecho a la vida e integridad psíquica de la personas. La Ley protege la vida del que está por nacer.

La pena de muerte sólo podrá establecerse por delito contemplado en ley aprobada con quórum calificado.

Se prohíbe la aplicación de todo apremio ilegítimo (Subrayado del autor).

2° La igualdad ante la ley:

En Chile no hay personas ni grupos privilegiados.

En Chile no hay esclavos y el que pise el territorio queda libre.

Ni la ley ni autoridad alguna podrán establecer diferencias arbitrarias.

3° La igual protección de la ley en el ejercicio de sus derechos.

Toda persona tiene derecho a defensa jurídica en la forma que la ley señale y ninguna autoridad o individuo podrá impedir, restringir o perturbar la debida intervención del letrado si hubiera sido requerida.

Tratándose de integrantes de las Fuerzas Armadas, y de Orden y Seguridad Pública, este derecho se regirá en lo concerniente a lo administrativo y disciplinario, por las normas pertinentes de sus respectivos estatutos.

La ley arbitrará los medios para otorgar asesoramiento y defensa jurídica a quienes no puedan procurárselos por sí mismos.

Nadie puede ser juzgado por comisiones especiales, sino por el tribunal que le señale la ley y que se halle establecido por anterioridad por ésta.

Toda sentencia de un órgano que ejerza jurisdicción debe fundarse en un proceso previo legalmente tramitado.

Corresponderá al legislador establecer siempre las garantías de un procedimiento y una investigación racionales y justos.

La ley no podrá presumir de derecho la responsabilidad penal.

Ningún delito se castigará con otra pena que la que señale una ley promulgada con anterioridad a su perpetración, a menos que una nueva ley favorezca al afectado.

Ninguna ley podrá establecer penas sin que la conducta que se sanciona esté expresamente descrita en ella;

4°. El respeto y protección a la vida privada y pública y a la honra de la persona y de su familia. La infracción de este precepto, cometida a través de un medio de comunicación social, y que consistiere en la imputación de un hecho o acto falso, o que cause injustificadamente daño o descrédito a una persona o a su familia, será constitutiva de delito y tendrá la sanción que determine la ley.

Con todo, el medio de comunicación social podrá excepcionarse probando ante el tribunal correspondiente la verdad de la imputación, a menos que ella constituya por sí misma el delito de injuria a particulares.

Además, los propietarios, editores, directores y administradores del medio de comunicación social respectivo serán solidariamente responsables de las indemnizaciones que procedan;

5°. La inviolabilidad del hogar y de toda forma de comunicación privada.

El hogar sólo puede allanarse y las comunicaciones y documentos privados interceptarse, abrirse o registrarse en los casos y formas determinados por la ley;

6°. La libertad de conciencia, la manifestación de todas las creencias y el ejercicio libre de todos los cultos que no se opongan a la moral, a las buenas costumbres o al orden público.

Las confesiones religiosas podrán erigir y conservar templos y sus dependencias bajo las condiciones de seguridad e higiene fijadas por las leyes y ordenanzas.

Las iglesias, las confesiones e instituciones religiosas de cualquier culto tendrán los derechos que otorgan y reconocen, con respecto a los bienes, las leyes actualmente en vigor.

Los templos y sus dependencias, destinados exclusivamente al servicio de un culto, estarán exentos de toda clase de contribuciones.

7°. El derecho a la libertad personal y a la seguridad individual.

En consecuencia:

a) Toda persona tiene derecho de residir y permanecer en cualquier lugar de la República, trasladarse de uno a otro y entrar y salir de su territorio, a condición de que se guarden las normas establecidas en la ley y salvo siempre el perjuicio de terceros;

b) Nadie puede ser privado de su libertad personal ni ésta restringida sino en los casos y en la forma determinados por la Constitución y las leyes;

c) Nadie puede ser arrestado o detenido sino por orden de funcionario público expresamente facultado por la ley y después de que dicha orden le sea intimada en forma legal.

Sin embargo, podrá ser detenido el que fuere sorprendido en delito flagrante, con el solo objeto de ser puesto a disposición del juez competente dentro de las veinticuatro horas siguientes.

Si la autoridad hiciere arrestar o detener a alguna persona, deberá, dentro de las cuarenta y ocho horas siguientes, dar aviso al juez competente, poniendo a su disposición al afectado.

El juez podrá por resolución fundada, ampliar este plazo hasta por cinco días, y hasta por diez días, en el caso que se investigaren hechos calificados por la ley como conductas terroristas;

d) Nadie puede ser arrestado o detenido, sujeto a prisión preventiva o preso, sino en su casa o en lugares públicos destinados a este objeto.

Los encargados de las prisiones no pueden recibir en ellas a nadie en calidad de arrestado o detenido, procesado o preso, sin dejar constancia de la orden correspondiente, emanada de autoridad que tenga facultad legal, en un registro que será público.

Ninguna incomunicación puede impedir que el funcionario encargado de la casa de detención visite al arrestado o detenido, procesado o preso, que se encuentre en ella.

Este funcionario está obligado, siempre que el arrestado o detenido lo requiera, a transmitir al juez competente la copia de la orden de detención, o a reclamar para que se le dé dicha copia, o a dar él mismo un certificado de hallarse detenido aquel individuo, si al tiempo de su detención se hubiere omitido este requisito;

e) La libertad provisional procederá a menos que la detención o la prisión preventiva sea considerada por el juez como necesaria para las investigaciones del sumario o para la seguridad del ofendido o de la sociedad.

La ley establecerá los requisitos y modalidades para obtenerla.

La resolución que otorgue la libertad provisional a los procesados por los delitos a que se refiere el artículo 9°, deberá siempre elevarse en consulta.

Esta y la apelación de la resolución que se pronuncie sobre la excarcelación serán conocidas por el Tribunal superior que corresponda integrado exclusivamente por miembros titulares.

La resolución que apruebe u otorgue la libertad requerirá ser acordada por unanimidad.

Mientras dure la libertad provisional el reo quedará siempre sometido a las medidas de vigilancia de la autoridad que la ley contemple;

f) En las causas criminales no se podrá obligar al inculpado a que declare bajo juramento sobre hecho propio; tampoco podrán ser obligados a declarar en contra de éste sus ascendientes, descendientes, cónyuge y demás personas que, según los casos y circunstancias, señale la ley;

g) No podrá imponerse la pena de confiscación de bienes, sin perjuicio del comiso en los casos establecidos por las leyes; pero dicha pena será procedente respecto de las asociaciones ilícitas;

h) No podrá aplicarse como sanción la pérdida de los derechos previsionales,

i) Una vez dictado sobreseimiento definitivo o sentencia absolutoria, el que hubiere sido sometido a proceso o condenado en cualquier instancia por resolución que la Corte Suprema declare injustificadamente errónea o arbitraria, tendrá derecho a ser indemnizado por el Estado de los perjuicios patrimoniales y morales que haya sufrido.

La indemnización será determinada judicialmente en procedimiento breve y sumario y en él la prueba se apreciará en conciencia.

Anexo Tres

PRIMERA DECLARACIÓN DE LOS DERECHOS DEL HOMBRE

ASAMBLEA NACIONAL

Sesiones de los días 20-21-23-24 y 26 de agosto de 1793, París, Francia.

A los Representantes del pueblo francés:

Artículo 1: Los hombres nacen y permanecen libres e iguales en derechos; las distinciones sociales no pueden estar fundadas más que sobre el bien común.

Artículo 2: El objetivo de toda asociación política es la conservación de los derechos naturales e imprescriptibles del hombre; esos derechos son la libertad, la propiedad, la seguridad, la resistencia a la opresión.

Artículo 3: El principio de toda soberanía reside esencialmente en la nación. Ninguna corporación de individuos y ningún individuo puede ejercer autoridad alguna que no emane expresamente de la nación.

Artículo 4: La libertad consiste en hacer todo eso que respete los derechos del otro. Así, el ejercicio de los derechos naturales de cada hombre, no tiene otras limitaciones que aquellas que aseguren a los otros miembros de la sociedad el goce de esos mismos derechos. Esas limitaciones no pueden ser determinadas más que por la Ley.

Artículo 5: La Ley no tiene otro derecho que defender las acciones que dañan a la sociedad. Todo lo que no puede ser defendido por la Ley no debe ser impedido, y nadie puede ser obligado a hacer lo que ella no establece.

Artículo 6: La Ley es la expresión de la voluntad general. Todos los ciudadanos tienen el derecho de contribuir personalmente, o por mediación de sus representantes, a su perfeccionamiento. Ella debe ser la misma para todos, tanto cuando ella protege, tanto cuando ella castigue. Siendo todos los ciudadanos iguales a sus ojos, son igualmente calificados para ejercer todas las dignidades, puestos y empleos públicos, según su capacidad, y sin otras distinciones que aquellas de su virtud y de su talento.

Artículo 7: Ningún hombre puede ser acusado, arrestado ni detenido, salvo en los casos determinados por la Ley, y según las formas que ella ha prescrito. Aquellos que soliciten, expidan, ejecuten o hagan ejecutar órdenes arbitrarias, deben ser castigados. Pero todo ciudadano convocado en virtud de la Ley debe obedecer al instante. Él se rendirá culpable si se opone a la decisión de la Ley.

Artículo 8: La Ley no debe establecer sino penas estrictas y evidentemente necesarias, y nadie puede ser castigado más que en virtud de una Ley establecida y promulgada con anterioridad al delito, y legalmente aplicada.

Artículo 9: Todo hombre debe ser presumido inocente hasta que sea juzgado y declarado culpable. Si se juzga indispensable arrestarlo, todo rigor que no sea necesario para asegurar su presencia, debe ser severamente reprimido por la Ley.

Artículo 10: Nadie puede ser inquietado por sus opiniones, incluso religiosas, si su manifestación no perturba el orden público establecido por la Ley.

Artículo 11: La libre comunicación de los pensamientos y las opiniones es uno de los derechos más preciosos del hombre. Todo ciudadano puede entonces hablar, escribir, imprimir libremente, salvo si debe responder por la comisión de abuso de estas libertades ante la Ley.

Artículo 12: La garantía de los derechos del hombre y del ciudadano requiere de una Fuerza pública. Esta fuerza será entonces constituida para la ventaja de todos, y no para exclusiva utilidad de aquellos a quienes ésta fue confiada.

Artículo 13: Para el mantenimiento de la Fuerza pública y para los gastos de administración, una contribución común es indispensable. Ella debe ser igualmente repartida entre todos los ciudadanos, en razón de sus posibilidades.

Artículo 14: Los ciudadanos tienen el derecho de constatar por ellos mismos o por sus representantes la necesidad de la contribución pública, de consentirla libremente, de vigilar su funcionamiento, de determinar la cuota, la situación, el recubrimiento y la duración.

Artículo 15: La sociedad tiene el derecho de pedir cuentas a todo agente público sobre el funcionamiento de su administración.

Artículo 16: Toda sociedad en la cual la garantía de los derechos no está asegurada, ni la separación de los poderes determinada, no puede tener Constitución.

Artículo 17: La propiedad, constituyendo un derecho inviolable y sagrado, ningún ciudadano puede ser privado de sus bienes, salvo si la necesidad pública, legalmente constatada, lo exige evidentemente, y bajo la condición de una justa y prealable indemnización.

Anexo Cuatro

CONSIDERACIONES SOBRE EL ESTADO DE LA PRENSA EN CHILE BAJO LOS GOBIERNOS DE ALLENDE Y FREI RUIZ-TAGLE

El 27 de enero de 1999, con ocasión de la obtención del Premio de Periodismo *Lenka Franulic*, la periodista Cecilia Serrano, presentadora del noticiario "24 Horas", que se trasmite diariamente por Televisión Nacional de Chile, respondió así a una pregunta:

"... En Chile no hay libertad de prensa, la censura es constante y se tiende a concentrar los medios de comunicación en pocas manos".

Probablemente estas palabras expliquen mejor que ninguna otra cosa la desaparición de varios órganos de prensa, escritos y radiales, la venta de Canales de televisión a consorcios extranjeros, la venta de radios de antigua tradición a sectas religiosas y otros problemas que deben encarar los órganos de comunicación chilenos hoy en día, en plena transición a la democracia.

De la prensa bajo la Dictadura es prácticamente imposible hablar pues, hechas algunas excepciones, ella desapareció por casi quince años, con muchos de sus medios clausurados o prohibidos. A partir de 1987 surgen las primeras revistas y diarios; es decir, dos años y medio antes que Pinochet abandone el Gobierno (aunque no el Poder).

En lo que concierne a la prensa escrita, durante lo que va de los dos gobiernos de la transición han desaparecido, entre varios otros de menor repercusión, los siguientes órganos de prensa de alcance nacional:

Los diarios:

Fortín Mapocho
La Época.
La Prensa

Las revistas:

Análisis
Cauce
Hoy
APSI

Por su parte, el ex diario *El Siglo* aparece ahora cada quince días, con muchas dificultades, y sólo se mantiene también como órgano independiente del gobierno la revista *Punto Final*.

Esta situación ha dañado a la cultura, la crítica literaria especializada, la crítica política al gobierno (un derecho en toda democracia), la circulación plural de las informaciones y ha provocado la cuasi desaparición de opiniones disidentes de las posturas oficiales. El senador Jorge Lavanderos, de filiación democratacristiana, sostuvo en un discurso reciente que para informarse de las noticias consagradas a Chile era preferible sintonizar CNN o buscar en Internet las informaciones que nos conciernen.

Desgraciadamente, todavía no se escribe en Chile una historia de la prensa a lo largo del siglo. Hay estudios dedicados a la radio, la televisión, pero nunca fueron publicados y los manuscritos son prácticamente inencontrables, de manera que es muy difícil formarse una opinión real de lo que ha sucedido en esta materia.

Sin embargo, para comprender un poco mejor el problema, digamos someramente que, por ejemplo, bajo el Gobierno de Allende existían los siguientes diarios y revistas de alcance nacional:

1. Diarios:

El Mercurio
La Segunda
La Tercera
Clarín
Última hora
El Siglo
Puro Chile
La Nación

Las Últimas Noticias
Golpe
La Tribuna

2. Revistas:

Ercilla
Qué Pasa
Vistazo
Chile Hoy
La Quinta Rueda
Ramona
Paloma
Punto Final
Mensaje
Vea
Paula

Bajo el Gobierno de Eduardo Frei Ruiz-Tagle, la situación es la siguiente:

1. Diarios:

El Mercurio
La Tercera
La Segunda
La Cuarta
La Nación
Las Últimas Noticias.

El Siglo circula quincenalmente (aunque se autocalifica como diario).

(No se menciona *La Hora,* porque es un vespertino que circula sólo en la Región Metropolitana).

2. Revistas:

Qué Pasa
Ercilla
Punto Final
Mensaje
Vea

Anexo Cinco

ACERCA DE LA JUSTICIA ACTUAL EN CHILE

El veintiocho de enero de 1999, la periodista Claudia del Solar reconstituyó en el vespertino *La Hora*, de Santiago, el llamado Caso de los pinocheques, en el cual se aprecian claramente las dificultades que la Transición ha tenido con la Corte Suprema y otras Cortes de provincia o regiones, muchos de cuyos magistrados fueron nombrados por Augusto Pinochet Ugarte. Es completamente visible tras este episodio la sombra de la mano militar. Como se afirma categóricamente que el dictador Augusto Pinochet Ugarte puede ser juzgado en Chile, reproducimos este artículo *in extenso*, en particular para los lectores extranjeros de este libro, pues un caso como éste puede reproducirse fácilmente, toda vez que, en muchos aspectos, las cosas no han cambiado nada desde el término de la Dictadura.

CUANDO EL CONSEJO CREYÓ EN LAS "RAZONES DE ESTADO"

por Claudia del Solar

El 27 de mayo de 1993, *El Diario* publicó una pequeña crónica dando cuenta que el Consejo de Defensa del Estado presentó una denuncia contra quienes resultaran responsables del presunto fraude al Fisco, cometido por funcionarios públicos en 1989, durante la venta de la Empresa VALMOVAL Ltda., por la cual se pagaron tres cheques a Augusto Pinochet Hiriart, hijo del entonces Presidente de la República, por más de 950 millones de pesos (unos 4 millones de dólares de la época).

Para adoptar esta decisión, el Consejo de Defensa del Estado había evaluado durante más de un año y medio el informe que le envió la Cámara de Diputados en enero de 1991, apenas terminó su investigación del caso. Entre sus conclusiones se señalaba que si bien no se podía dar por establecida la calidad jurídica en que Pinochet Hiriart había participado en los hechos, "sus actuaciones excedieron las atribuciones de un mero mandatario"

Un día después, el diario *La Nación* recogió la historia con más detalles y la puso en portada. El hecho generó el llamado "Boinazo" (Augusto Pinochet Ugarte sacó tropas fuertemente armadas, a las calles de Santiago, ocupando militarmente la ciudad, como una medida de amedrentamiento para evitar que su hijo fuera juzgado (*N. d. A.*), y terminó cuando los abogados Alfredo Etcheberry e Isidro Solís, y luego el entonces Ministro del Interior, Enrique Krauss, hablaron con el titular del Quinto Juzgado del Crimen –donde había recaído la investigación–, Alejandro Solís, para que aceptara declararse incompetente y traspasara el expediente del caso al Segundo Juzgado del Crimen. Este lo hace el 28 de junio de 1993. *Poco después fue ascendido a la Corte de Apelaciones Pedro Aguirre Cerda.*

Más de dos años después, el Magistrado Jorge Colvin cerró el sumario sobre la quiebra de VALMOVAL. Luis Bates, presidente del Consejo de Defensa del Estado, está en Londres y lo subroga Davor Harasic. Éste, a petición de Bates, pide que el caso se discuta en la sesión del Consejo. *A nueve de los doce miembros* les parece que los antecedentes son suficientes para procesar por fraude a (Augusto) Pinochet Hiriart y otras dos personas. Harasic informa a Figueroa que el CDE pedirá al juez autos de procesamiento y que, aunque sabe que Colvin no accederá, el organismo deberá recurrir a la Corte de Apelaciones.

El Ejército se mueve para detener el hecho (el procesamiento de Pinochet Hiriart, protegido por la impunidad que le confiere su padre, Comandante en Jefe del Ejército). El Brigadier General Eugenio Videla convoca al "puntapeucazo", una reunión de militares frente al recinto carcelario (donde hoy están recluidos el ex Jefe de la DINA, General Manuel Contreras Sepúlveda, y el Brigadier Pedro Espinoza, autores intelectuales del asesinato de Orlando Letelier, y sin duda, del General Carlos Prats, y también el atentado contra el ex Vicepresidente de la República, Bernardo Leighton). La señal es evidente y Eduardo Frei (Ruiz-Tagle) le pide a Harasic que no apele de la resolución de Colvin. Por diez votos a favor, y sólo dos en contra, el Consejo de Defensa del Estado accede a (comprender) las razones de Estado que les da (Eduardo) Frei."

Este documento muestra en primer lugar la similitud de puntos de vista que se presenta entre civiles ocupando altos puestos de Gobierno y el Partido Militar. En primer lugar, el Gobierno aplastó toda decisión de la Justicia de procesar a Pinochet Hiriart, pese a que su responsabilidad en el desfalco de bienes del Estado quedó probada. Por otra parte, no se defendieron principios, sino personas, y además, personas jurídicamente responsables. Este juicio no ha sido reabierto hasta el día de hoy. ¿Por qué? Porque el Partido Militar vela inmoderadamente para establecer una forma definitiva de impunidad a fin de que nadie de sus filas pueda ser juzgado. Por lo demás, Augusto Pinochet Hiriart perteneció al Ejército, y alcanzó el grado de capitán, pero a causa de sus numerosos desaguisados, debió abandonar el uniforme y volver a la civilidad. Por su parte, su padre, Augusto Pinochet Ugarte, autor de la Constitución de 1980, fue el primero en violarla en múltiples ocasiones. Puede compararse el texto del Capítulo Tercero de la Constitución de Pinochet (1980), incluido en estos Anexos, con el caso de Augusto Pinochet Hiriart, con el crimen llamado de *Corpus Christi*, con el monstruoso suceso de los jóvenes quemados, y numerosas operaciones comprobadas de tortura, desaparición y muerte, ocurridas entre 1980 y 1989.

Las recientes maniobras de Londres repiten casi exactamente el escenario. El Gobierno elegido por los torturados, las violadas, los parientes de los desaparecidos y asesinados, dispuso todo un arsenal de medidas jurídicas y un ejército de abogados para defender a una persona –el autor intelectual de todos estos hechos–, y no principios, como sostiene. El principio de la inmunidad de Pinochet es inexistente: nadie lo eligió nunca Dictador, Presidente de la República, ni Senador Vitalicio. Todos estos títulos emanan de su propia decisión y jamás hubo consulta a la ciudadanía. Sólo Salvador Allende, once días antes del Golpe, lo ascendió a Comandante en Jefe del Ejército, que es el único cargo legal que puede exhibir.

Por otra parte, el hecho de que se discuta sobre la "eventualidad" de las torturas, y no se incluya el cuerpo completo de los crímenes que van con ellas, y haber reducido la investigación sobre estos actos a un año y medio, fecha en que Gran Bretaña firmó el Tratado contra la Tortura (cuando la propia Constitución Política de Pinochet prescribe lo contrario, en el Capítulo Tercero ya citado, a partir de 1980, por lo menos), es una falta de respeto sin parangón a la humanidad entera, que cree en sus líderes políticos, en la Justicia y en la lealtad moral que debe suscitar en todo hombre político de bien la sola idea de dirigir los destinos de su pueblo. Además, a Gran Bretaña le corresponde solamente juzgar si Augusto Pinochet tiene o no tiene inmunidad ante la jurisdicción internacional y no sobre los crímenes que se le imputan.

Hay todavía algunas preguntas reveladoras. Muy pocos parecen recordar que Salvador Allende había organizado una cadena nacional de Radio y Televisión para proponer a la ciudadanía un plebiscito el 11 de septiembre, en el cual jugaba su mandato. ¿Por qué Augusto Pinochet no esperó el resultado del plebiscito y adelantó su golpe en tres días para evitarlo? ¿Temió que el pueblo de Chile aprobara "la amenaza comunista"?

Otra pregunta: Si Pinochet tiene la conciencia tranquila, si nada ilegal ha hecho, como asegura, si cree firmemente que en toda guerra debe haber muertos –y torturados y desaparecidos–, que sepultando a más de una persona por fosa se ahorra terreno, ¿por qué no se presenta lisa y llanamente ante el Juez Baltazar Garzón para declarar, en lugar de aferrarse con dientes y muelas a la jurisdicción británica, a fin de evitar la hasta ahora inevitable extradición? La imagen de cobardía física y moral que está exhibiendo a los ojos del mundo es sobrecogedora.

Y una pregunta más: ¿qué logró Augusto Pinochet con su golpe para Chile? Nada, sino un inconcebible y descarado enriquecimiento ilícito personal, el enriquecimiento ilícito de toda su familia, y el enriquecimiento ilícito de muchos altos personeros de las FFAA de Chile. La batalla contra el comunismo nacional e internacional fue el pretexto para ocultar el robo, las exacciones al erario del país y la creación de una inmensa empresa comercial controlada por el Ejército. En todo caso, no gozará de esa fortuna hamponescamente adquirida. La Historia acaba de hacerle un supremo guiño: pese a las piruetas y volteretas jurídicas de sus abogados, tendrá que responder en España al Juez Baltazar Garzón todas las preguntas cuyas respuestas le quitan el sueño. Deberá explicar su desmesurada ambición de poder y su inconmensurable apetito de mando. Amó el poder, se jugó su prestigio moral y el de sus descendientes por pasar a la Historia como el mejor gobernante de todos los tiempos. Termina sus días preso como un vulgar ladrón, un criminal consuetudinario, y con todas sus salvajes tropelías ofrecidas sin aderezos a los ojos del mundo.

Los intocables comienzan a dejar de serlo y el caso de Augusto Pinochet Ugarte, por un sobresalto de la Historia, será quien dicte las futuras normas internacionales en los casos similares que necesariamente deberán venir.

Anexo Seis

LA EMPRESA COMERCIAL MÁS GRANDE DE AMÉRICA LATINA: EL EJÉRCITO DE CHILE

El tema de la fortuna amasada por Augusto Pinochet Ugarte y su familia, durante la Dictadura, es prácticamente tabú en Chile. Recientemente, el periodista de investigación Dauno Tótoro publicó un libro sobre el tema. (Ver Bibliografía). La cantidad de revelaciones vertidas en él causan estupor. Antes, en el número del 28 de enero al 4 de marzo de 1990, de la revista *Análisis,* la periodista Mónica González había escrito un artículo sobre el tema. Dada la cantidad de información que contiene, publicamos un extracto en este Anexo:

Las expropiaciones de Pinochet

por Mónica González

El próximo 12 de marzo, cuando el General Augusto Pinochet, el único capitán general que registra la historia del Ejército de Chile en este siglo, se haya sacado la banda presidencial e ingrese a sus oficinas de la Comandancia en Jefe del Ejército de Chile, se pondrá en funcionamiento la empresa autónoma más importante y poderosa del país: el Ejército, corredor de propiedades, constructor, administrador de fundos, fabricante de armas, arrendador de salones de actos, administrador de universidades, investigador de la marcha sociopolítica del país, etcétera. En el tiempo que le sobre, podría ser que este Ejército también asumiera la defensa de la seguridad territorial de Chile.

Para que todo este engranaje gigantesco se ponga en marcha en marzo próximo, Pinochet y su grupo de generales y oficiales incondicionales han trabajado febrilmente en los últimos meses y esperan con impaciencia el momento de inaugurar oficinas e influencias. Será una experiencia inédita, una más a la que los chilenos nos hemos acostumbrado a producir.

En medio de esa vorágine de preparativos, el 11 de marzo para el general Augusto Pinochet no es más que un paréntesis. Su mira está puesta en los días que comienzan a partir del juramento de Patricio Aylwin. Y como es bien sabido, cuando el general improvisa, se va de lengua y eso fue lo que hizo en Coihaique.

En efecto, más de un centenar de mujeres esperaban la llegada del general en el atardecer del 16 de febrero. El sol radiante había aumentado la euforia de las mujeres vestidas con sus mejores galas. Cuando Pinochet ingresó al salón, apenas pudo contener la emoción y entre brazos ansiosos que lo cercaban y al ritmo de los enardecidos gritos: "¡Volverá! ¡Volverá!", logró llegar al escenario, acercarse al micrófono y decir con voz entrecortada que efectivamente venía a despedirse. Luego, recuperando prestancia, en medio de suspiros ahogados y con voz viril agregó: *"No quiere decir que no esté mirando lo que está sucediendo. Estaré junto a ustedes. Miraré, escucharé y estaré vigilante"*.

Eso significa que desde las oficinas que se encuentran justo frente a La Moneda, cruzando la Alameda, Pinochet, secundado fielmente por el general Jorge Ballerino, su actual y futuro Jefe de Gabinete, más un grupo de selectos oficiales expertos en materias gubernamentales, vigilará cada paso del Presidente Aylwin y sus ministros.

Y como Coihaique al parecer fue el lugar elegido para las confidencias (¿o las amenazas?), cuando los periodistas locales le informaron a Pinochet que uno de los ministros designados por Aylwin había dicho que investigaría la compra de acciones de empresas estatales por parte de su familia, éste, raudo e iracundo, replicó: *"Y si uno de mis yernos hubiera comprado, me pregunto si hay alguna prohibición. O la gente de mi familia no puede trabajar, no puede comer...? Tendrían que vivir a costillas mías o del Estado? Ese señor puede investigar, pero yo lo voy a investigar a él también"*.

Así, sin más preámbulos, Coihaique fue el lugar donde Pinochet, sin ambigüedades, definió claramente su misión futura. Parapetado en las filas del Ejército, ha acumulado una gran fortuna para administrar, a partir de bienes que ha hecho traspasar al Ejército. Adjudicándose por ley la facultad de vender, comprar y administrar este patrimonio, sin participación alguna de los organismos regulares del Estado, y asegurándose además un alto presupuesto para el Ejército, con piso fijo, puede mirar con tranquilidad los cuatro años que se avecinan para poder disponer de dineros que le permitan financiar a un grupo de militares y asesores civiles por encima del Estado, la voluntad ciudadana y todo el control público.

Con el millonario presupuesto con que inicia su gestión de Comandante en Jefe del Ejército, Pinochet pretende asegurar que su poder seguirá estando por encima de toda autoridad pública, al mismo tiempo que prolonga lealtades que sabe, por experiencia propia, son efímeras.

El hombre que encabezó el Golpe de Estado el 11 de septiembre de 1973, en nombre de la libertad y la defensa de la propiedad privada, abandona el poder expropiando bienes de todos los chilenos para convertirlos en una fortuna a administrar desde la Comandancia en Jefe del Ejército.

Desde que Pinochet fuera abrumadora y sorpresivamente –para él– derrotado en el plebiscito de 1988, el silencio invadió La Moneda y la lengua del general. Acompañado de su familia, se fue a Bucalemu a meditar. En medio de la solemnidad de los parajes que rodean la casa colonial, Pinochet recuperó seguridad y elaboró su estrategia para el retorno. Regresó para hablar directamente con su gente, los militares. Les habló con la mano en el corazón y sin la perla en la corbata. Les dijo que pretendían separarlo de sus hombres, que buscaban aniquilarlo, como primer paso de una estrategia que perseguía destruir a la institución. Sólo después de recorrer cuarteles y más cuarteles regresó a las pantallas civiles.

Ahora, después del triunfo ya sin sorpresas de Patricio Aylwin, nuevamente se fue a Bucalemu a descansar. Dejó pasar el Año Nuevo y pocos días después, desde la Casa Militar en La Moneda, se supo que Pinochet descansaría todo el mes de enero en Bucalemu, atendiendo materias de Estado desde allá y preparando su gira de despedida por el país.

Estando Pinochet en Bucalemu, se hizo el traspaso legal de la casa de Lo Curro al Ejército. La mansión de quince millones de dólares, que fuera construida para ser casa de los Presidentes de Chile, con cargo a los fondos del Presupuesto de la Nación, es decir, de todos los chilenos, fue traspasada con todo su alhajamiento, que no fue calculado, al patrimonio que hoy administra Augusto Pinochet.

Si bien la noticia fue un escándalo, ni el Ejército ni La Moneda abrieron la boca para dar una sola explicación... Lo cierto es que la casa de Lo Curro hoy pertenece al Ejército, y que, en virtud de una nueva ley, Pinochet puede hacer con ella lo que le dé la gana.

A los pocos días de realizarse el traspaso ilegal de la casa de Lo Curro, una nueva ley aumentó la capacidad empresarial que tendrá el Ejército a partir del próximo12 de marzo. La Junta aprobó la modificación que introdujo cambios en la Ley Orgánica de Famae (Fábrica de Material de Guerra del Ejército). Esto significa que Famae no sólo fabricará, reparará y comercializará elementos bélicos para satisfacer las necesidades de la Defensa Nacional, sino que también podrá fabricar, reparar y comercializar toda clase de herramientas y artículos industriales, podrá formar parte de sociedades públicas o constituirlas, sean éstas privadas, nacionales o extranjeras.

Frente a este último acápite ha cundido el temor en los sectores de gobierno, dada la falta de criterio y poco apego por la convivencia internacional que demostró el Ejército –a través de Famae– en el bullado escándalo de la venta frustrada de bombas de racimo a Irán, a través del intermediario Ferrimar.

En otras palabras, la nueva ley faculta al Ejército y a su Comandante en Jefe para hacer transacciones internacionales o nacionales, sociedades comerciales, etc. En dos palabras: un Ejército que hará negocios con la política de mercado...

... Pocos días después, el abogado Ramón Briones, que se caracteriza por la seriedad de sus denuncias, informó a la opinión pública el envío por parte de Pinochet, de un proyecto de ley que modificaba la Ley que norma el Cuerpo Militar del Trabajo. La nueva disposición legal lo faculta para construir para particulares, crear patrimonio propio, suscribir acciones comerciales con terceros y negociar el producto de la explotación agrícola, ganadera o forestal de los predios fiscales. En síntesis, el Ejército, a través de una nueva ley, creaba una empresa constructora a gran escala y una administradora y comercializadora de fundos...

En provincias y regiones tampoco se quedaron atrás en cuestiones de traspasos. En San Antonio, la Escuela de Ingenieros Militares, el reducto favorito del General Manuel Contreras, aprovechó los últimos días para apropiarse de una importante vía de acceso de particulares al sector que rodea el enclave. La arteria era la vía natural de entrada el puerto, continuación de la "Carretera de la Fruta"...

Después de visitar Arica, llegó a Iquique donde lo esperaba, ya terminada, una nueva construcción del Ejército: la casa del futuro Comandante en Jefe, no se sabe si del Ejército o del Comando Norte del Ejército, unidad cuya creación anunció ese día.

En Antofagasta lo esperaban apenas unas doscientas personas... Sin amilanarse, anunció que en el futuro sólo se entendería con Patricio Aylwin y no con el Ministro de Defensa...

Tres días después se publicaba en el Diario Oficial la Ley que faculta a los Comandantes de Logística de las FFAA para adquirir o enajenar bienes corporales, inmuebles, contratar o conferir servicios o celebrar contratos de arrendamiento o comodatos, exentos de la obligación de efectuar dichos contratos o adquisiciones por intermedio de la Dirección de Aprovisionamiento del Estado. La oficina de corretaje de propiedades del Ejército ya tenía autorización legal.

A los pocos días una nueva ley fue enviada a la Junta: la que crea la Universidad Bernardo O'Higgins, dependiente del Ejército, "para capacitar a su personal a fin de que, al pasar a situación de retiro, pueda desempeñar una profesión". La pregunta surge de inmediato: Por qué no pueden estudiar en las Universidades ya existentes? El Ejército autónomo, estanco, autosuficiente, es al parecer la meta de Pinochet.

La propiedad privada fue también tema importante de sus discursos... Mientras hablaba sobre la necesidad de defenderla, el diario *Fortín Mapocho* denunció el traspaso al Ejército de 37 propiedades ocupadas por la CNI hasta ahora. Pinochet no se acordó de su respeto por la propiedad privada. Sólo lo inquietó aumentar el patrimonio del Ejército, sin darse por enterado que esos inmuebles fueron expropiados ilegalmente, es decir, ocupados por fuerzas militares tras el Golpe de Estado... El fundo *La Rinconada*, de Maipú, ayer propiedad de la Universidad de Chile, y ocupado por la DINA desde sus primeros tiempos para alojar a la Brigada de Inteligencia de la DINA (BIM), y luego la Escuela de Inteligencia de la DINA, sede que bien conocen los Generales Carlos Parera, Raúl Iturriaga Neuman, y el Subsecretario General de Gobierno, Coronel Jaime García Covarrubias, hoy pasa a ser fundo del Ejército... Para qué hablar de los Departamentos de la Torre San Borja, que se dice pertenecieron a actuales detenidos desaparecidos. Y esto por mencionar esos 37 inmuebles expropiados y adjudicados ahora al Ejército, ya que numerosos recintos que ayer pertenecieron a la DINA, también fueron traspasados en silencio. Es el caso de Villa Grimaldi, gran centro de torturas, hoy traspasado al Ejército, y la sede de Londres 38, que fue entregado al Instituto O'Higginiano.

Anexo Siete

El Dr. Alejandro Teitelbaum, Representante Permanente en Ginebra (Suiza), de la Asociación Americana de Juristas, puso en circulación, con fecha 18 de abril de 1999, un documento relacionado con la decisión del Ministro Straw de conceder la extradición a España de Augusto Pinochet Ugarte. Por su interés, lo reproducimos in extenso:

LA DECISIÓN DEL MINISTRO BRITÁNICO STRAW AUTORIZANDO LOS PROCEDIMIENTOS PARA CONCEDER LA EXTRADICIÓN DE PINOCHET

La decisión del Ministro británico Jack Straw de autorizar que continúen los procedimientos para conceder la extradición de Pinochet a España es una buena noticia. Al parecer, la autorización del Ministro ha sido dada dentro de los límites fijados, en nuestra opinión, de manera arbitraria, por los Lores en su último fallo, es decir, por los delitos de tortura y conspiración para torturar, cometidos desde 1998 en adelante. Es decir, que la autorización no se ha concedido, por ejemplo, para que se lo juzgue por las desapariciones de las cuales es responsable antes de esa fecha. Pero el Comité de Derechos Humanos en julio de 1983 (Quinteros contra Uruguay), y el Tribunal Europeo de los Derechos Humanos en mayo de 1998 (Kurt contra Turquía), han dicho que la angustia y la incertidumbre de los familiares de los desaparecidos es una forma de tortura que se les continúa infligiendo mientras no se conoce la suerte corrida por los desaparecidos.

De manera que Pinochet continúa torturando a los familiares de todos los desaparecidos en Chile en la medida en que no proporciona información fidedigna sobre su suerte y en tanto coordinador de la "Operación Cóndor", se puede decir que es cómplice de las torturas que continúan sufriendo los familiares de los desaparecidos en el cono sur latinoamericano. Además, consideramos que el proceso de España debe ampliarse a los dictadores latinoamericanos involucrados en la "Operación Cóndor", y a los funcionarios del Gobierno de los Estados Unidos, que fueron instigadores y cómplices del golpe de Estado en Chile. En ese sentido, el Dr. Martín Almada, abogado paraguayo, miembro de la Asociación Americana de Juristas y descubridor de los archivos de la "Operación Cóndor", solicitó al Juez Garzón el día miércoles 14 de abril, que pida la extradición de Stroessner al Gobierno de Brasil. Y en los próximos días pediremos también al Juez Garzón que comparezcan Henry Kissinger, Consejero de Nixon y Presidente del "Comité 40" (nombre en ese momento de un organismo asesor del Presidente de los Estados Unidos encargado de las operaciones secretas); Edward Korry, entonces Embajador en Chile; el coronel Paul Wimert, agregado militar, señalado como organizador del asesinato del General Schneider; Henry Hechsher, Director de la CIA en Chile en esa época; John McCone, antiguo miembro de la CIA y miembro del Directorio de la International Telephone and Telegraph (ITT), en 1970; Richard Helms, Director de la CIA; y William V. Broe, Director de Operaciones Clandestinas en América Latina.

Dr. Alejandro Teitelbaum,
Representante Permanente en Ginebra de la
Asociación Americana de Juristas,
18 de abril de 1999.

PALABRAS FINALES

Este libro salió como un chorro de sangre, largo tiempo contenido, de mi corazón, no de mi pluma. Es la expresión de mi absoluta civilidad, la expresión de mi responsabilidad en tanto escritor e intelectual frente a mi pueblo, de mi condición de padre de un hijo bestialmente asesinado, de la dispersión de mi familia por el mundo para siempre y de mis veinticinco años de exilio, de los cuales, dieciocho fueron con prohibición absoluta de entrar en mi país.

No tengo sed de venganza. Siento sed de justicia, pero sobre todo, siento un odio profundo contra la impunidad que se ha establecido en Chile desde comienzos de la República, en favor de quienes nos gobernaron y de quienes nos gobiernan. Varias páginas de este libro lo demuestran En este pequeño país se ha matado sin que nadie pida nunca ninguna cuenta al criminal de turno, sin que existan disposiciones jurídicas para hacerlo, ya que nadie las respeta, porque finalmente el terror ha hecho presa de gran parte de la población y gran parte de la población ha preferido el silencio a la denuncia, la soledad y la tristeza al coraje de pensar, de hablar, de recordar, y finalmente, de comprender. Yo tengo el mismo miedo que los otros, la misma inseguridad. Estoy sometido siempre a un destino incierto, que no me da ninguna garantía, pero mi conciencia me obliga a mantener mi corazón erguido y a no callar jamás ante las vejaciones, la injusticia y el crimen, tanto si ello concierne a Chile, tanto si ello concierne a la América Latina. Y yo soy un hombre que, antes que ninguna otra cosa, preserva absolutamente los dictados de su conciencia, que es Faro desde el cual percibo el mundo.

Trez-Vella,
22 de abril de 1999.

CITAS BIBLIOGRÁFICAS

1. **Carrera, José Miguel.** *Diario Militar*, Editorial QUIMANTÚ, Santiago de Chile, 1972.
2. **Vitale, Luis.** *Interpretación marxista de la Historia de Chile*, Tomo IV, 2ª edición, LOM Ediciones, Santiago de Chile, 1993.
3. **Hamon, Leo.** "LE RÔLE EXTRA-MILITAIRE DE L'ARMÉE DANS LE TIERS MONDE", Informe final del "Coloquio de Dijón", 1965.
4. **Feliú Cruz, Guillermo.** Prólogo al libro *La guerra civil de 1891*, de Hernán Ramírez Necochea, Editorial Austral, Santiago de Chile, 1951.
5. **Feliú Cruz, Guillermo**. (*Op. cit.*)
6. **Feliú Cruz, Guillermo**. (*Op. cit.*)
7. **Miguens, José Enrique.** "UNA NUEVA METODOLOGÍA PARA EL ESTUDIO DE LOS GOLPES MILITARES EN AMÉRICA LATINA", revista "Estrategia", Nº de septiembre-octubre de 1973.
8. **Pinochet Ugarte, Augusto.** *El día decisivo*, Editorial Andrés Bello, Santiago de Chile, 1979.
9. **Rodrigo Atria y otros autores:** *Chile: la memoria prohibida*, Tomo I, Pehuén Editores, 2ª edición, Santiago de Chile, 1989.
10. **Korry, Edward.** Embajador de USA en Chile durante el Golpe, entrevistado para la revista *Qué pasa*, por la periodista Loreto Daza.
11. (*Op. cit.*)
12. **Coronel Horacio Ballester P.** "CONFERENCIAS DE COMANDANTES EN JEFE DE LAS FUERZAS ARMADAS-PASADO-PRESENTE-FUTURO", revista *Estrategia*, Nº de septiembre-octubre de 1973.
13. **Buitrago, Marcos.** "PINOCHET HIZO DEL EJÉRCITO UNA EMPRESA INMOBILIARIA: MILES DE MILLONES EN NEGOCIOS CON PROPIEDADES FISCALES", en la revista *Punto Final*, tomado de su reproducción en Internet.
14. **Tótoro, Dauno.** *La cofradía blindada*, Editorial Planeta, Santiago de Chile, 1998.
15. **Fuentes:** *L'Evenement*, *Le Nouveau Quotidienne*, *L'Illustré*, números del 4 al 9 de agosto de 1994, y *Le Journal de Genève* del 17 de agosto de 1996.
16. **Villalobos, Sergio.** *Tres siglos y medio de vida fronteriza*, Santiago de Chile, 1982.
17. **Vera, Robustiano.** *La pacificación de la Araucanía*, Santiago de Chile, 1905.
18. **Ravest Mora, Manuel.** *La pacificación de la Araucanía (1881-1883)*, Santiago de Chile, 1985.
19. **Guevara, Tomás.** *Historia de la civilización de la Araucanía*, Santiago de Chile, 1902.

20. **Navarro, Leandro.** *Crónica militar de la conquista y pacificación de la Araucanía,* Santiago de Chile, 1909.
21. **Lara, Horacio.** *Crónica de la Araucanía,* Santiago de Chile, 1889.
22. **Téllez, Indalecio.** *Historia Militar de Chile,* Santiago de Chile, 1931.
23. **Coña, Pascual.** *Memorias de un cacique mapuche,* Imprenta Cervantes, Santiago de Chile, 1930. (Hay reedición bilingüe reciente).
24. **Teniente Coronel Tomás Walton.** Citado por **Manuel Ravest Mora**, *Op. cit.*
25. **Bengoa, José.** *Historia del pueblo mapuche* (*Siglos XIX y XX*), Colección "Estudios históricos", Ediciones Sur, Santiago de Chile, 1984.
26. **Fuentes**: *El Ferrocarril,* de Santiago, *La República,* de Santiago, *El Mercurio,* de Valparaíso, *El Meteoro,* de Los Angeles.
27. **Lara, Horacio.** (*Op. cit.*)
28. **Bengoa, José.** (*Op. cit.*)
29. **Bengoa, José.** (*Op. cit.*)
30. **Lara, Horacio.** (*Op. cit.*)
31. **Bengoa, José.** (*Op. cit.*)
32. **Bengoa, José.** (*Op. cit.*)
33. ***El Ferrocarril,*** 17 de febrero de 1869.
34. ***El Mercurio,*** de Valparaíso, 5 de febrero de 1869.
35. ***El Ferrocarril,*** 25 de febrero de 1869.
36. **Bengoa, José.** (*Op. cit.*)
37. **Bengoa, José.** (*Op. cit.*)
38. "Informe de la Legación de los Estados Unidos en Chile al Departamento de Estado, 17 de marzo de 1891".
39. "Informe de la Legación de Gran Bretaña en Chile, Nº 72, 7 de julio de 1981".
40. "Informe de la Legación de Gran Bretaña en Chile, Nº 91, 15 de septiembre de 1891".
41. "Carta del Embajador Kennedy al Ministro (inglés) Sanderson, 15 de septiembre de 1891".
42. **Ramírez Necochea, Hernán.** *Balmaceda y la contrarrevolución de 1891,* 3ª edición, Editorial Universitaria, Santiago de Chile, 1972.
43. **Vitale, Luis.** (*Op. cit.*)
44. **Bañados, Julio.** *Balmaceda, su gobierno y la revolución de 1891,* Tomo I, París, 1894.
45. **Vitale, Luis.** (*Op. cit.*)
46. **Droguett, Carlos.** *Los asesinados del Seguro Obrero,* Ediciones de la Universidad Católica de Valparaíso, 1972.
47. **Manns, Patricio.** *El corazón a contraluz,* 3ª edición, EMECÉ Editores, Buenos Aires, 1998.

48. **Jobet, Julio César.** *Ensayo crítico del desarrollo económico-social de Chile,* Ediciones Universitarias, Santiago de Chile, 1955.
49. **Edwards Bello, Joaquín.** *Crónicas del centenario,* Editorial Zig-Zag, Santiago de Chile, 1968.
50. **Silva, Jorge Gustavo.** *Nuestra evolución político social (1900-1930),* Editorial Nascimento, Santiago de Chile, 1931.
51. **Amunátegui Solar, Domingo.** "LA DEMOCRACIA EN CHILE. TEATRO POLITICO", 1810-1910.
52. **Vitale, Luis.** (*Op. cit.*)
53. **Buhonero, Enrique.** *En defensa del Almirante,* Valparaíso, 1906, sin pie de imprenta.
54. **Buhonero, Enrique.** (*Op. cit.*)
55. **Recabarren, Luis Emilio.** *Obras selectas,* Editorial QUIMANTÚ, Santiago de Chile, 1971.
56. **Vicuña Fuentes, Carlos.** *La tiranía en Chile,* Santiago de Chile, 1938.
57. **Recabarren, Luis Emilio.** "LA HUELGA DE IQUIQUE Y LA TEORÍA DE LA IGUALDAD", en *Obras selectas,* Editorial QUIMANTÚ.
58. **Jobet, Julio César**. (*Op. cit.*)
59. **Jobet, Julio César**. (*Op. cit.*)
60. **Jobet, Julio César**. (*Op. cit.*)
61. **Valenzuela, Humberto.** *Historia del movimiento obrero chileno,* ISP Verlag, Frankfurt, 1978.
62. **Vicuña Fuentes, Carlos**. (*Op. cit.*)
63. **Bayer, Osvaldo.** *Los vengadores de la Patagonia trágica,* Editorial Galerna, Buenos Aires, 1988.
64. **Kaempfer, Guillermo.** *Así sucedió: (1850-1925) Sangrientos episodios de la lucha obrera en Chile,* Imp. Maturana, Santiago de Chile, 1926.
65. **Manns, Patricio.** *Actas de Marusia,* Ediciones "Pluma y Pincel", Santiago de Chile, 1993.
66. **Manns, Patricio.** *Las grandes masacres,* Editorial QUIMANTÚ, Colección "Nosotros los chilenos", Santiago de Chile, 1972.
67. **Poblete Troncoso, Moisés.** "LA ORGANIZACIÓN SINDICAL EN CHILE", Anexo V, Primera parte, Santiago de Chile, 1929.
68. **Manns, Patricio.** *La revolución de la escuadra,* Ediciones de la Universidad Católica de Valparaíso, 1972.
69. **Manns, Patricio.** (*Op. cit.*)
70. **Manns, Patricio.** (*Op. cit.*)
71. **Manns, Patricio.** "Informe secreto del Contralmirante Edgardo von Schroeders al Ministro de Marina", *diecinueve páginas mecanografiadas, tamaño oficio, fechadas a 10 de septiembre de 1931, encuadernadas en cartón negro. Documento inédito, propiedad del autor.*
72. **Rivas Sánchez, Fernando.** *La lucha por la tierra,* Editorial QUIMANTÚ, Vol. 3, Colección "Nosotros los chilenos", Santiago de Chile, 1972.

73. **Donoso, Ricardo.** *Alessandri: agitador y demoledor,* Ediciones del Fondo de Cultura Económica, México, 1950.
74. **Manns, Patricio.** *Memorial de la noche,* Editorial Sudamericana, Colección "Biblioteca Claves de Chile", Santiago de Chile, 1998.
75. **Droguett, Carlos.** "LOS ASESINADOS DEL SEGURO OBRERO", Crónica, Ediciones de la Universidad Católica de Valparaíso, 1972.
76. **Droguett, Carlos.** (*Op. cit.*)
77. **Pinochet Ugarte, Augusto.** *El día decisivo,* Editorial Andrés Bello, Santiago de Chile, 1979.
78. **Pinochet Ugarte, Augusto.** (*Op. cit.*)
79. **Pinochet Ugarte, Augusto.** (*Op. cit.*)
80. **Varas, José Miguel.** *La novela de Galvarino y Elena,* LOM Ediciones, 2ª edición, Santiago de Chile, 1996.
81. **Varas, José Miguel.** (*Op. cit.*)
82. **Luigi, Juan de.** "LOS TIEMPOS DE LA INFAMIA", serie de artículos en el diario *Democracia,* Nº del 27 de noviembre de 1952.
83. **Luigi, Juan de.** (*Op. cit.*) Nº del 28 de noviembre de 1952.
84. **Varas, José Miguel.** (*Op. cit.*)
85. **General Horacio Gamboa Núñez.** *La verdad del dos de abril,* Imp. Araneda, Santiago de Chile, 1958.
86. **Pinochet Ugarte, Augusto**. (*Op. cit.*)
87. **Manns, Patricio.** *Buenas noches los pastores,* Ediciones de la Universidad Católica de Valparaíso, 1972.
88. **Meneses, Emilio.** "LA DEMOCRACIA CRISTIANA TIENE UN TRAUMA CON LA RELACIÓN CÍVICO-MILITAR", Entrevistado por Ester Lewinsky para *El Mercurio,* el 18 de febrero de 1999.
89. **Droguett, Carlos.** *Sesenta muertos en la escalera,* Editorial Nascimento, Santiago de Chile, 1953.

BIBLIOGRAFÍA COMPLEMENTARIA

Eyzaguirre, Jaime. *O'HIGGINS,* Editorial Zig-Zag, Santiago de Chile, 1965.

Alemparte, Julio. *CARRERA Y FREIRE, FUNDADORES DE LA REPÚBLICA,* Ed. Nascimento, Santiago de Chile, 1953.

Bermúdez, Oscar. *HISTORIA DEL SALITRE. Desde la Guerra del Pacífico hasta la Revolución de 1891,* Ediciones Pampa Desnuda, Santiago de Chile, 1984.

MORIR ES LA NOTICIA (62 autores), Ernesto Carmona Editor, Santiago de Chile, 1997.

Prats González, Carlos. *MEMORIAS: TESTIMONIO DE UN SOLDADO,* Pehuén Editores, Santiago de Chile, 1985.

AGRADECIMIENTOS

Este libro no hubiera sido posible sin la confianza de mi editor, Arturo Infante, de Sudamericana, y la devoción en el trabajo de Jorgelina Martín. De los innumerables artículos y libros sobre los diversos temas tratados, que me han hecho llegar Justo Alarcón, Juan Camilo Lorca y José Elizalde, de la Biblioteca Nacional, a los que se suma la ayuda, la comprensión y la amistad de Clara Budnik y Liliana Montecinos. Los libros y artículos que encontraron para mí Virginia Vidal, Eduardo Labarca, Francisco Marín, Luis Vitale, José Miguel Varas, Volodia Teitelboim, Patricio Arellano, el consejo de Bernardo Subercaseaux y, sobre todo, el testarudo trabajo de Alejandra Lastra, que buceó durante semanas en Internet, y luego revisó, corrigió y compaginó el manuscrito.

Y cómo olvidar todo lo que aprendí de las luchas sociales chilenas junto a mi amigo Alejandro Chelén Rojas, sin cuya ayuda no hubiera escrito **Las grandes masacres**, *en 1972.*

Y también al pueblo de Chile, que ha tenido el valor de sufrir este calvario interminable, quizás hasta que un día nos unamos los hombres y cambiemos de lugar con nuestros verdugos, en la cruz, donde hasta ahora nos tienen clavados.

PATRICIO MANNS

Este libro se terminó
de imprimir en los talleres
de Andros Impresores
en junio de 1999